어린이 비행기 구조 대백과

세상이 한눈에 보이는
비행기 관찰 도감

이경윤 지음 | 남지우 그림

이 책을 읽는 여러분께

비행기 구조를 알면 비행기의 비밀이 보여요!

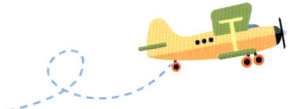

여러분은 유유히 하늘을 나는 새를 보며 나도 날고 싶다는 생각을 해 본 적 있나요? 새는 어떻게 하늘에서 떨어지지 않고 훨훨 날 수 있는 것일까요? 사실 400톤이 넘는 엄청난 무게의 비행기가 하늘을 난다는 사실이 더 신기하기도 합니다.

새와 비행기가 하늘을 나는 비밀은 바로 날개의 구조에 있어요. 새와 비행기의 날개를 유심히 보면 위는 볼록하고 아래는 편편한 유선형 구조를 하고 있어요. 이 독특한 구조 때문에 새는 물론 무거운 비행기도 하늘을 날 수 있어요.

비행기의 구조에는 신기한 것들이 무척 많아요. 비행기 날개 아래에는 엔진이 달려 있고, 조종실에서는 기장과 부기장이 비행기가 안전하게 목적지에 도착할 때까지 비행기를 조종하고 있답니다. 비행기가 안전하게 날려면 전기와 통신 시설도 필요해요.

무거운 비행기가 날아가려면 연료도 많이 필요한데, 비행기 무게의 40퍼센트가 넘는 양을 싣고 날아야 한답니다. 예를 들어 비행기 무게가 350톤이라면 연료 무게는 145톤 정도나 되는 것이지요. 비행기는 많은 연료를 싣는 연료 탱크도 갖추고 있어요.

우리가 비행기를 탈 때 볼 수 있는 객실은 일등석과 비즈니스석, 이코노미석으로 이루어져 있어요. 이 외에도 비행기에는 승무원실, 주방, 화장실 등의 시설도 있지요. 어떤가요? 비행기의 구조에 대해 더욱 자세히 알고 싶지 않나요? 우리 함께 비행기의 구조를 알아보는 여행을 떠나 보아요.

늘 비행기가 궁금한
이경윤

차례

이 책을 읽는 여러분께 • 2
어떤 종류의 비행기가 있을까요? • 6
한눈에 보는 비행기 구조 • 8

1 비행기는 어떻게 날까요?

새는 어떻게 하늘을 날까요? • 12
날개가 있어도 날지 못하는 새 • 14
최초의 비행은 언제였을까요? • 16
라이트 형제의 동력 비행기 • 18
비행기에는 어떤 힘이 작용할까요? • 20
비행기 날개에도 힘이 생겨요 • 22
비행기를 움직이는 힘의 크기 • 24

잠깐! 비행기 퀴즈 • 26

더 알아볼까요?
라이트 형제의 비행이 인정받지 못했다고요? • 28

2 비행기를 구석구석 살펴봐요!

항공기는 무엇일까요? • 30
비행기의 바깥을 살펴볼까요? • 32
비행기 구조에 담긴 놀라운 사실 • 34
비행기마다 날개 모양이 달라요 • 36
여객기는 얼마나 빠를까요? • 38
비행기 엔진은 왜 여러 개일까요? • 40

잠깐! 비행기 퀴즈 • 42

더 알아볼까요?
초기 비행기는 날개가 여러 개였다고요? • 44

3 비행기는 어떻게 조종할까요?

조종실은 어떻게 생겼을까요? • 46

비행기 조종에 필요한 모든 것 • 48

비행기 조종은 어떻게 할까요? • 50

비행기는 어떻게 이륙할까요? • 52

비행기는 하늘에서 어떻게 날까요? • 54

비행기는 어떻게 착륙할까요? • 56

안전하게 착륙하는 방법 • 58

비행 상태는 어떻게 알까요? • 60

주계기판은 어떻게 읽을까요? • 62

잠깐! 비행기 퀴즈 • 64

더 알아볼까요?
유명한 비행기 조종사는 누가 있을까요? • 66

4 비행기에 어떤 장치가 있을까요?

비행기의 전기는 어떻게 만들까요? • 68

비행기가 연락을 주고받는 방법 • 70

비행기의 공기를 조절하는 장치 • 72

연료 탱크는 어디에 있을까요? • 74

비행기에 얼음이 생긴다고요? • 76

잠깐! 비행기 퀴즈 • 78

더 알아볼까요?
항공 관제사는 어떤 일을 할까요? • 80

5 비행기를 탈 때 알아둬요!

여객기 좌석은 어떻게 배치할까요? • 82

비행기 안에 숨어 있는 공간 • 84

비행기로 화물을 어떻게 나를까요? • 86

비행기에서 탈출하는 방법 • 88

비행기 안전 점검하는 방법 • 90

잠깐! 비행기 퀴즈 • 92

더 알아볼까요?
같은 비행기인데 좌석이 다르다고요? • 94

6 전투기와 헬리콥터를 만나요!

어떤 종류의 전투기가 있을까요? • 96

전투기의 구조를 살펴볼까요? • 98

헬리콥터는 어떤 목적으로 쓰일까요? • 100

헬리콥터는 어떻게 날까요? • 102

잠깐! 비행기 퀴즈 • 104

더 알아볼까요?
대한민국에서도 헬리콥터를 만든다고요? • 106

도움받은 자료 • 107

찾아보기 • 108

일러두기

* 사람이나 물건을 싣고 공중을 비행하는 탈것을 통틀어 이르는 '항공기'의 뜻을 포함해 '비행기'로 적었습니다.
* 이 책에 나오는 비행기나 인물 등의 정보는 2020년 기준입니다.
* 비행기 종류와 명칭은 외래어 표기법에 따라 적었습니다.
* 비행기 조종실의 모습과 조종법은 '보잉'의 기종을 기준으로 적었습니다. 기종마다 조금씩 차이가 있을 수 있습니다.

어떤 종류의 비행기가 있을까요?

보잉 777

승객을 태우고 나는 여객기

비행기를 타고 여행을 떠나 본 적 있나요? 많은 사람을 태우고 이동하는 비행기를 여객기라고 한답니다.

보잉 747

강력하고 빠른 전투기

전투기는 적의 눈에 띄지 않고 빠르게 날기 위해 독특한 생김새를 갖추었어요. 많은 나라에서 더 빠르고 뛰어난 기능을 갖춘 전투기를 만들기 위해 힘씁니다.

FA-50 파이팅 이글

안토노프 An-225 므리야

무거운 짐을 싣고 나는 수송기

무거운 화물을 나르기 위해서는 몸집도 크고 엔진도 많아야 합니다. 안토노프 An-225 므리야는 화물을 6,400톤이나 싣고 나른답니다.

하늘을 감시하는 정찰기

높은 곳에서 오래 비행하며 대기를 연구하거나 다른 비행기를 감시하는 정찰기예요. 날렵하게 생겼답니다.

U-2s

SR-71 블랙버드

화려한 묘기를 뽐내는 곡예기

곡예기는 멋진 에어쇼를 펼치는 비행기예요. 화려한 모습으로 원을 그리고 수직으로 오르내리면서 묘기를 뽐내요.

프로펠러가 멋진 헬리콥터

헬리콥터는 비행기와 다르게 같은 자리에 서 서 있을 수 있고, 후진할 수도 있어요. 그래서 재난 상황에서 사용할 수 있답니다.

독일의 의료용 헬리콥터

 한눈에 보는 비행기 구조

엔진 속 교류 발전기의 모습
교류 발전기 하나로 스무 가구의 집에서 쓸 수 있는 전기를 만들어 내요.

69쪽을 찾아보세요.

46쪽을 찾아보세요.

58쪽을 찾아보세요.

보잉 747 조종실
- 오버헤드 패널
- 디스플레이
- 조종간
- 엔진 스로틀
- 페달
- 기장석
- 부기장석

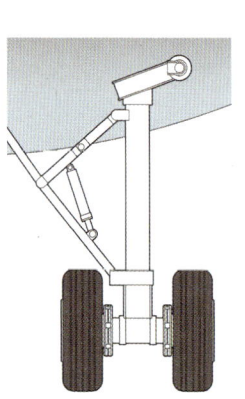

비행기 바퀴의 모습
바퀴의 다리 안은 실린더 모양이에요. 안쪽 실린더에는 기름(작동유)과 공기(질소)로 채워져 있어요.

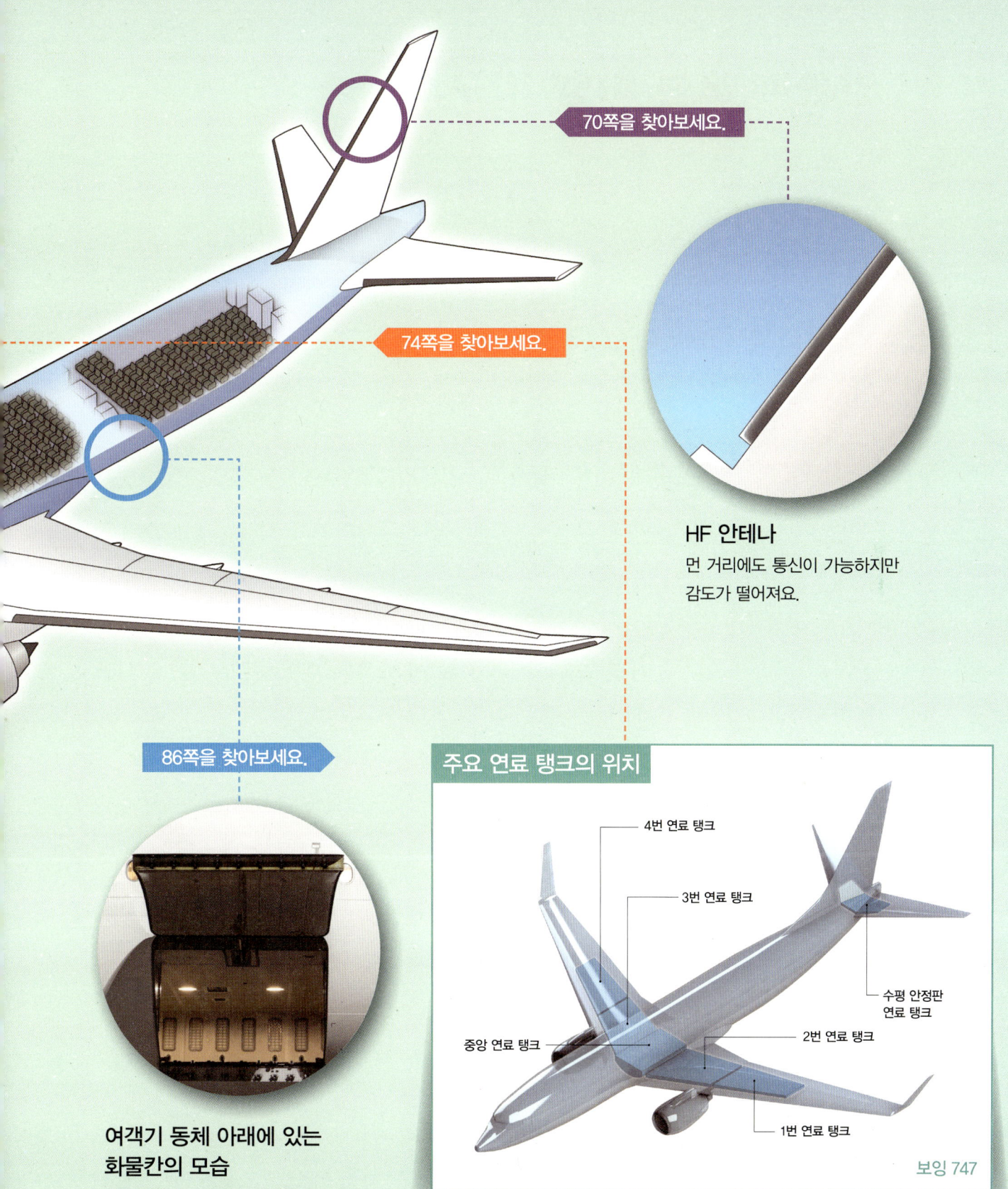

70쪽을 찾아보세요.

74쪽을 찾아보세요.

HF 안테나
먼 거리에도 통신이 가능하지만 감도가 떨어져요.

86쪽을 찾아보세요.

여객기 동체 아래에 있는 화물칸의 모습
실을 수 있는 화물의 최대량은 여객기마다 차이가 나지요. 보잉 747은 무려 150톤을 실을 수 있다고 해요.

주요 연료 탱크의 위치
- 4번 연료 탱크
- 3번 연료 탱크
- 수평 안정판 연료 탱크
- 중앙 연료 탱크
- 2번 연료 탱크
- 1번 연료 탱크

보잉 747

이 책의 장점

✈ 구조를 살펴보면 관찰력이 자라요!

비행기는 날개, 엔진, 동체, 창문 등 다양한 구조로 이루어져 있어요. 평소에 보기 힘든 안테나나 발전기까지, 구석구석에 숨어 있는 비밀도 많지요. 비행기의 구조를 자세히 살펴보면 관찰력이 자연스레 자랄 수밖에 없겠지요?

✈ 비행기를 보며 과학 개념과 원리를 파악해요!

무거운 비행기는 어떻게 하늘로 날아오를 수 있을까요? 헬리콥터는 어떻게 비행기와 달리 활주로를 달리지도 않고 곧바로 하늘로 날아오르는 걸까요? 비행기에 작용하는 여러 힘과 조종 장치를 보며 과학 개념과 원리를 쉽게 익힐 수 있습니다.

✈ 다양한 비행기 지식을 쌓아요!

비행기에서 비상 상황이 발생하면 어떻게 탈출해야 할까요? 비행기의 안전 장비 사용법을 알아보고, 비행기에 숨어 있는 공간도 찾아보세요. 유명한 조종사나 비행기를 안전하게 다닐 수 있도록 돕는 관제소의 이야기까지 읽으며 다양한 비행기 지식을 쌓을 수 있어요.

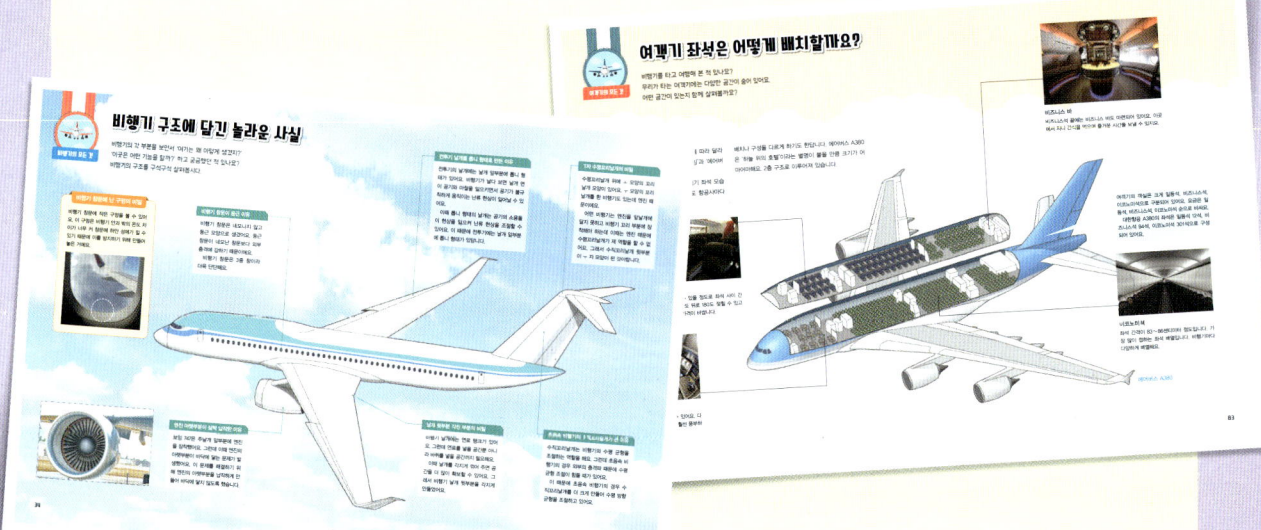

1

비행기는
어떻게 날까요?

비행기를 날게 하는 힘이 새를 날게 하는 힘과 같다고요?
새와 비행기의 날개를 비교하며, 하늘로 날아오르게 만드는 '양력'을
알아보세요. 비행기가 앞으로 나아가기 위해 작용하는 네 가지 힘과
필요한 힘의 크기까지 알 수 있어요!

비행기가 나는 이유

새는 어떻게 하늘을 날까요?

무거운 비행기는 어떻게 하늘을 날 수 있을까요?
새가 하늘을 나는 원리를 알면 그 비밀을 알 수 있답니다.
새가 하늘을 나는 원리를 먼저 알아볼까요?

새의 날개에 비밀이 있다

새의 날개를 옆에서 보면 날개 윗부분은 볼록하고 아랫부분은 오목하게 생겼어요. 이런 모양의 날개와 바람이 만나면 볼록한 날개 윗부분을 지나는 바람은 속도가 빨라지고 오목한 아랫부분을 지나는 바람은 속도가 느려져요.

바람의 속도가 빠르면 압력은 낮아지고 속도가 느리면 압력은 높아집니다. 압력이 높은 곳은 낮은 곳보다 힘이 크기 때문에 날개 아래에서 위로 밀어 올리는 힘이 생기는데 이 힘을 '양력'이라고 해요.

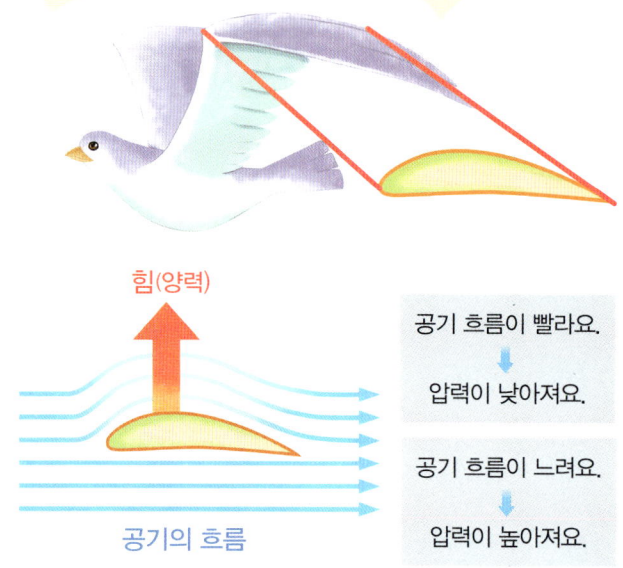

날개가 아주 긴 새 '앨버트로스'

비행기가 하늘을 나는 비밀

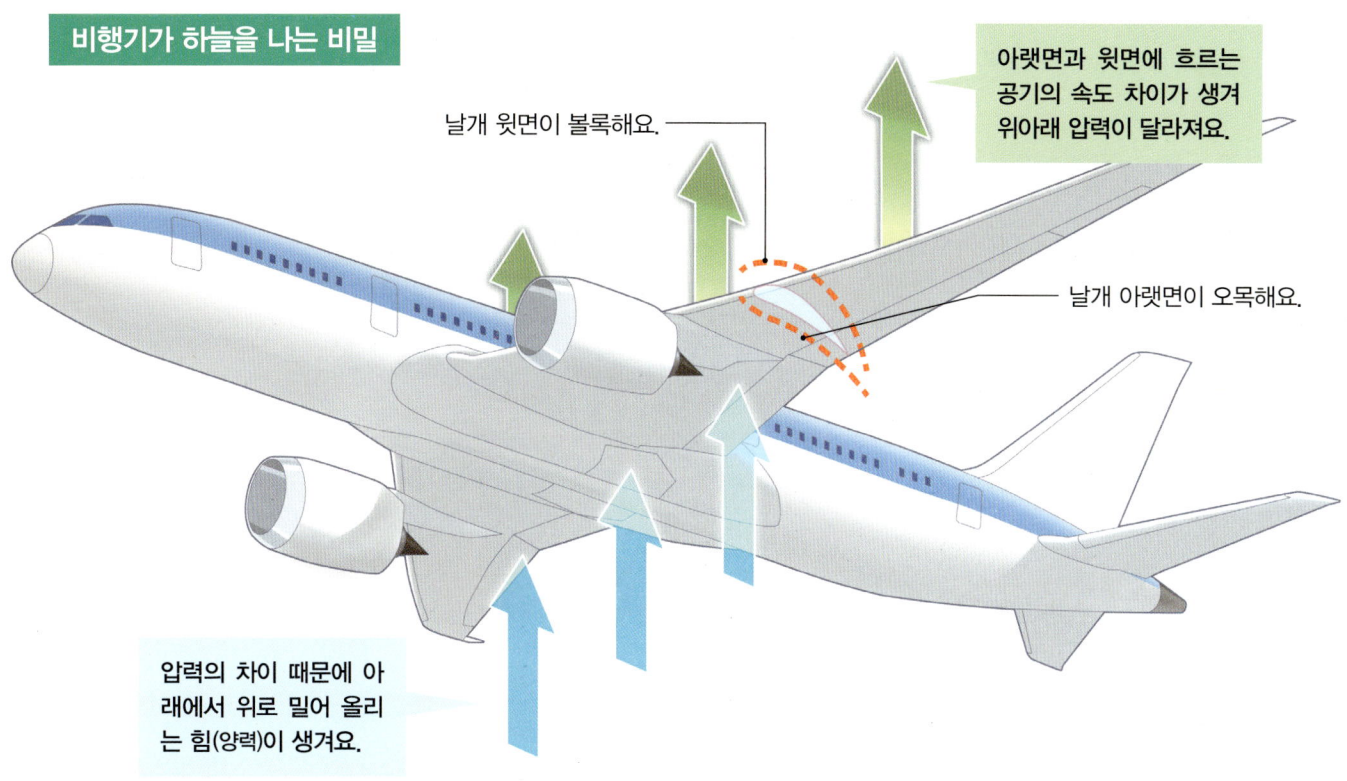

- 날개 윗면이 볼록해요.
- 아랫면과 윗면에 흐르는 공기의 속도 차이가 생겨 위아래 압력이 달라져요.
- 날개 아랫면이 오목해요.
- 압력의 차이 때문에 아래에서 위로 밀어 올리는 힘(양력)이 생겨요.

비행기와 새의 날개 비교

비행기의 날개는 새의 날개와 비슷한 모양으로 만들어졌어요. 새의 날개가 양력을 이용해 하늘을 나는 것처럼 비행기의 날개도 양력을 만들어 하늘을 날아요.

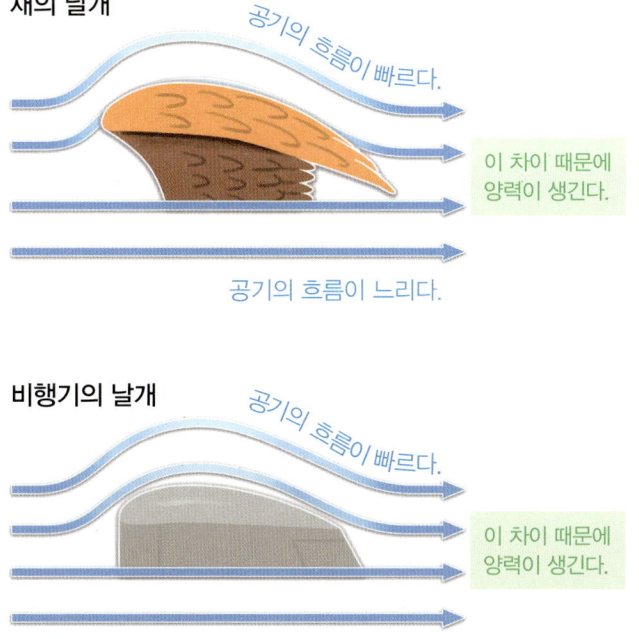

새의 날개
- 공기의 흐름이 빠르다.
- 이 차이 때문에 양력이 생긴다.
- 공기의 흐름이 느리다.

비행기의 날개
- 공기의 흐름이 빠르다.
- 이 차이 때문에 양력이 생긴다.
- 공기의 흐름이 느리다.

배와 비행기가 뜨는 원리가 같다

비행기는 무려 1톤 트럭 400대의 무게와 비슷한데도 하늘에 뜰 수 있어요. 배는 비행기보다 훨씬 무거운데도 물에 뜨지요.

배도 물로부터 떠받치는 힘을 받는데 이를 '부력'이라 해요. '부력'은 물에 닿는 면적이 넓을수록 커집니다. '부력'이 배 무게보다 커지면 배는 물에 뜨지요. 공기가 비행기를 떠받치는 '양력'이 비행기 무게보다 크면 비행기가 날 수 있는 것과 같은 이유예요.

부력이 배 무게보다 크다.
부력이 자동차 무게보다 작다.

비행기가 나는 이유

날개가 있어도 날지 못하는 새

비행기와 새는 날개를 이용해 하늘을 난다는 공통점이 있어요.
그런데 닭과 펭귄은 날개가 있는데도 하늘을 날지 못합니다.
왜 날개가 있는데 하늘로 날아오르지 못할까요? 그 이유를 알아볼까요?

새가 날기 위한 조건

① 유선형의 날개가 발달되어 있어야 해요.

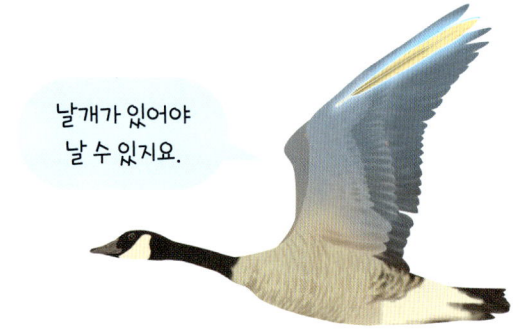

날개가 있어야 날 수 있지요.

② 몸이 가볍고 날씬해야 해요.

뼈가 얇고 속이 비어 있으며 장이 짧아야 날 수 있을 만큼 가볍겠지요?

닭이 날지 못하는 이유

닭은 원래 날 수 있었어요. 하지만 사람이 가축으로 기르면서 점점 날 필요가 없어졌습니다. 오랜 시간 날개를 쓰지 않자 날개가 퇴화되고 가슴뼈도 평평해져 날지 못하게 되었어요.

닭은 가슴뼈가 평평해서 날개 근육을 받쳐 주기 힘들어요.

닭의 뼈도 다른 새의 뼈처럼 속이 비어 있어요.

③ 날개 근육을 움직일 수 있는 가슴뼈가 발달해야 해요.

가슴뼈가 날개 근육을 받쳐 줘야 날개를 힘차게 움직일 수 있어요.

비행기 지식!

최초의 비행기는 새가 아닌 날다람쥐를 본떠 만들었어요. 새처럼 날개를 움직일 수는 없지만 날다람쥐처럼 날개를 쫙 편다면 날 수 있다고 생각했기 때문이지요. 그렇게 날개를 움직이지 않고 높은 곳에서 활강해 내려오는 글라이더가 만들어졌답니다.

타조도 날개가 퇴화되었어요.

타조
타조는 날개에 비해 몸집이 너무 커서 날지 못해요. 몸무게가 자그마치 150킬로그램이 넘어요.

타조의 가슴뼈도 평평해 날개 근육을 받쳐 주지 못해요.

펭귄
펭귄이 사는 남극의 환경은 나는 것보다 헤엄치는 것이 더 중요해요. 그래서 날개가 작아졌어요. 날지 못하지만 헤엄은 기가 막히게 잘 친답니다.

키위새
뉴질랜드에 사는 새예요. 땅에 먹이가 풍부해서 날 필요가 없어져 날개가 퇴화되었어요.

카카포
날지 못하는 앵무새예요. 뉴질랜드 땅에 먹이가 풍부해 날지 않아도 살 수 있었어요.

갈라파고스 가마우지
몸집에 비해 날개가 작아 날지 못해요. 갈라파고스 제도에 천적이 없어 날지 않아도 잘살 수 있기 때문에 날개가 퇴화되었어요.

비행기가 나는 이유

최초의 비행은 언제였을까요?

최초로 사람이 하늘로 날아오른 건 언제일까요?
1903년 동력 비행에 성공한 라이트 형제보다 120년 앞서
사람을 하늘로 올리는 데 성공한 몽골피에 형제를 만나 볼까요?

열기구를 이용한 최초의 비행

1783년 11월 21일, 프랑스 파리 근교에서 세계 최초로 사람이 하늘을 날았어요. 지름이 18미터나 되는 풍선 모양의 천을 단 열기구에 두 사람이 올라 타 땅과 아무런 연결 장치 없이 자유롭게 하늘을 날았어요.

풍선 모양의 커다란 천 안으로 뜨거운 공기를 넣어 주니 열기구가 하늘로 두둥실 떠올랐어요. 뜨거운 공기는 찬 공기보다 가볍기 때문에 커다란 천에 뜨거운 공기를 모아 하늘에 뜨는 원리를 이용했어요.

몽골피에 형제의 열기구

공기는 뜨거울수록 가벼워져요. 뜨거운 공기를 열기구의 공기 주머니 안에 모아서 떠오르게 만들었어요.

최초의 열기구를 만든 몽골피에 형제

최초로 열기구를 만든 건 몽골피에 형제예요. 그런데 몽골피에 형제는 자신들이 만든 열기구 타는 것을 무서워해 친구인 로지에와 프랑수아 로랑을 열기구에 대신 태웠어요. 그래서 몽골피에 형제는 최초로 하늘을 난 사람에는 이름을 올리지는 못했어요.

몽골피에 형제는 빨래를 말리느라 피워 놓은 연기에 바지 주머니가 부풀어 하늘로 떠오르는 모습을 보고 열기구를 만들었다고 해요.

몽골피에 형제

열기구가 움직이는 원리

수직 이동

버너로 열기구 안의 공기를 가열하면 가볍고 뜨거워진 공기가 주머니 속으로 들어가 열기구가 위로 뜹니다.

열기구 속 공기의 온도를 높이면 위로 뜨고 온도를 낮추면 아래로 내려와요. 이렇게 열기구를 위아래로 움직일 수 있어요.

수평 이동

수평 이동을 할 때는 돛단배처럼 바람의 방향을 이용해 이동할 수 있어요.

바람이 왼쪽에서 불어오면 오른쪽으로 이동할 수 있고 오른쪽에서 불어오면 왼쪽으로 이동할 수 있어요.

착륙

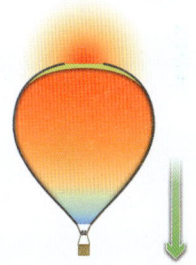

착륙할 때는 열기구 속의 뜨거운 공기를 계속 빼내야 해요.

열기구 속 공기와 바깥 공기의 온도가 비슷해지면 열기구가 천천히 착륙합니다.

오늘날 다양한 열기구의 모습

비행기가 나는 이유

라이트 형제의 동력 비행기

최초의 비행기는 누가 만들었을까요? 또 그 비행기는 어떻게 생겼을까요? 라이트 형제가 만든 최초의 유인 동력 비행기의 모습을 관찰하고 조종법과 비행 원리를 알아볼까요?

최초로 동력 비행에 성공한 라이트 형제

라이트 형제는 자전거 가게를 운영했어요. 그러다 글라이더를 타고 하늘을 나는 도전을 했던 독일의 오토 릴리엔탈이 돌풍에 추락해 사망했다는 소식을 듣고 글라이더 말고 다른 날 수 있는 기구는 없을까 고민하다 비행기 개발을 시작했어요.

이후 라이트 형제는 무려 108번의 시도 끝에 세계 최초로 가솔린 엔진을 이용한 동력 비행기를 만드는 데 성공했어요.

플라이어 1호가 날 수 있었던 이유

플라이어 1호는 위아래로 커다란 직사각형 날개 두 장과 승강키, 방향키를 갖추었어요. 하늘을 나는 것뿐 아니라 위아래나 양옆으로 조종할 수 있었어요. 플라이어 1호는 비행기 자체로는 안정적이지 않았지만 조종 기술 덕분에 비행 자세를 유지할 수 있었답니다.

라이트 형제가 만든 플라이어 1호의 구조

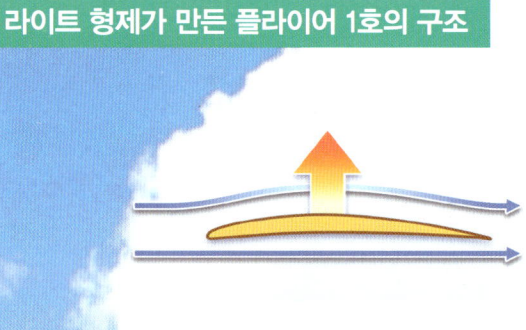

플라이어 1호의 날개는 새의 날개처럼 위를 볼록하게 만들었어요. 양력을 발생시켜 하늘을 날 수 있었습니다.

승강키

엔진

라이트 형제

1900년 라이트 형제가 만든 글라이더의 모습

1903년 라이트 형제가 만든 플라이어 1호가 최초의 유인 동력 비행에 성공하는 모습

프로펠러

방향키

조종사가 날개와 연결된 줄을 손으로 잡아당겨 양 날개 끝을 뒤틀었어요. 이 방법으로 위아래로 움직일 수 있었습니다.
양옆으로 움직이기 위해서는 조종사가 방향키와 연결된 줄을 엉덩이로 들어 올리는 방법을 사용했어요.

비행기에는 어떤 힘이 작용할까요?

비행기는 양력을 이용해 하늘로 날아 올라요.
그런데 비행기가 앞으로 나아가기 위해서는 양력뿐 아니라 다른 힘도 필요하답니다.
과연 비행기에는 또 어떤 힘이 작용하는 걸까요?

비행기에 작용하는 네 가지 힘

교통 수단은 모두 힘이 작용해야 나아갈 수 있어요. 마찬가지로 비행기도 힘이 있어야 나아갈 수 있지요. 그런데 비행기는 하늘을 날면서 나아가야 하기 때문에 땅 위를 달리는 자동차나 기차보다 더 많은 힘이 필요해요.

비행기가 하늘에서 앞으로 날아가기 위해서는 추력이 있어야 해요. 비행기에는 양력과 추력, 그와 반대 방향으로 작용하는 중력과 항력까지 네 가지 힘이 있어요.

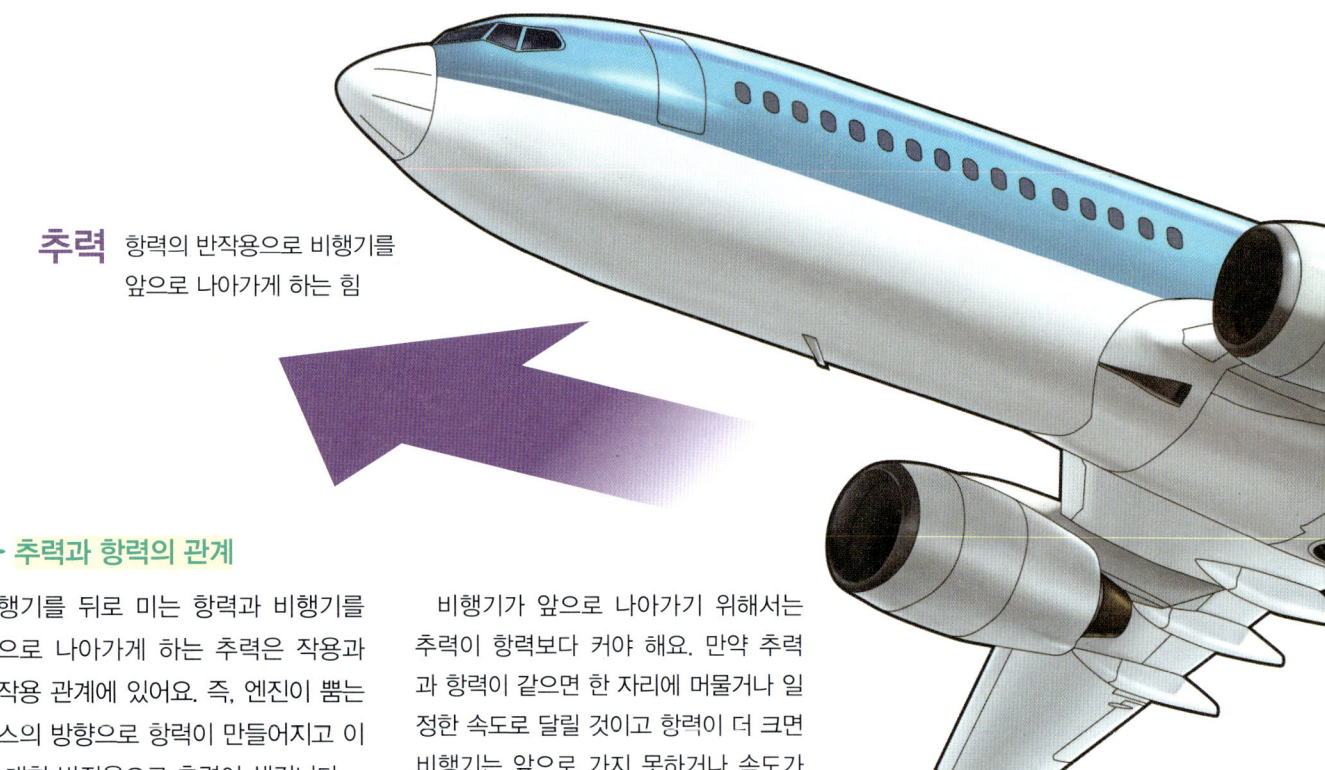

추력 항력의 반작용으로 비행기를 앞으로 나아가게 하는 힘

추력과 항력의 관계

비행기를 뒤로 미는 항력과 비행기를 앞으로 나아가게 하는 추력은 작용과 반작용 관계에 있어요. 즉, 엔진이 뿜는 가스의 방향으로 항력이 만들어지고 이에 대한 반작용으로 추력이 생깁니다.

그런데 비행기가 나아가고 있을 때는 추력의 작용에 의한 공기의 반작용이 생겨 비행기 앞에서 항력이 생기기도 해요. 즉, 추력과 항력은 서로 작용과 반작용의 관계에 있다고 할 수 있지요.

비행기가 앞으로 나아가기 위해서는 추력이 항력보다 커야 해요. 만약 추력과 항력이 같으면 한 자리에 머물거나 일정한 속도로 달릴 것이고 항력이 더 크면 비행기는 앞으로 가지 못하거나 속도가 점점 줄어들 거예요.

추력 > 항력
➡ 비행기가 앞으로 나아갈 때

✈ 작용과 반작용의 원리

자동차는 엔진의 힘으로 바퀴를 돌려 앞으로 나아갈 수 있어요. 공중에 떠 있는 비행기는 바퀴도 없는데 어떻게 앞으로 나아갈 수 있을까요? 이것은 작용과 반작용의 힘이 작동하기 때문이에요.

반작용의 힘이란 롤러 스케이트를 신은 채 벽을 밀었을 때 그 반대 방향으로 미는 힘이 생겨 뒤로 움직이는 힘을 말해요. 마찬가지로 비행기 엔진은 비행기 진행 방향의 반대쪽으로 엄청난 힘의 가스를 뿜어요. 그러면 가스가 향하는 방향과 반대로 반작용의 힘이 생겨 앞으로 나아갈 수 있어요.

양력 비행기를 위로 뜨게 하는 힘

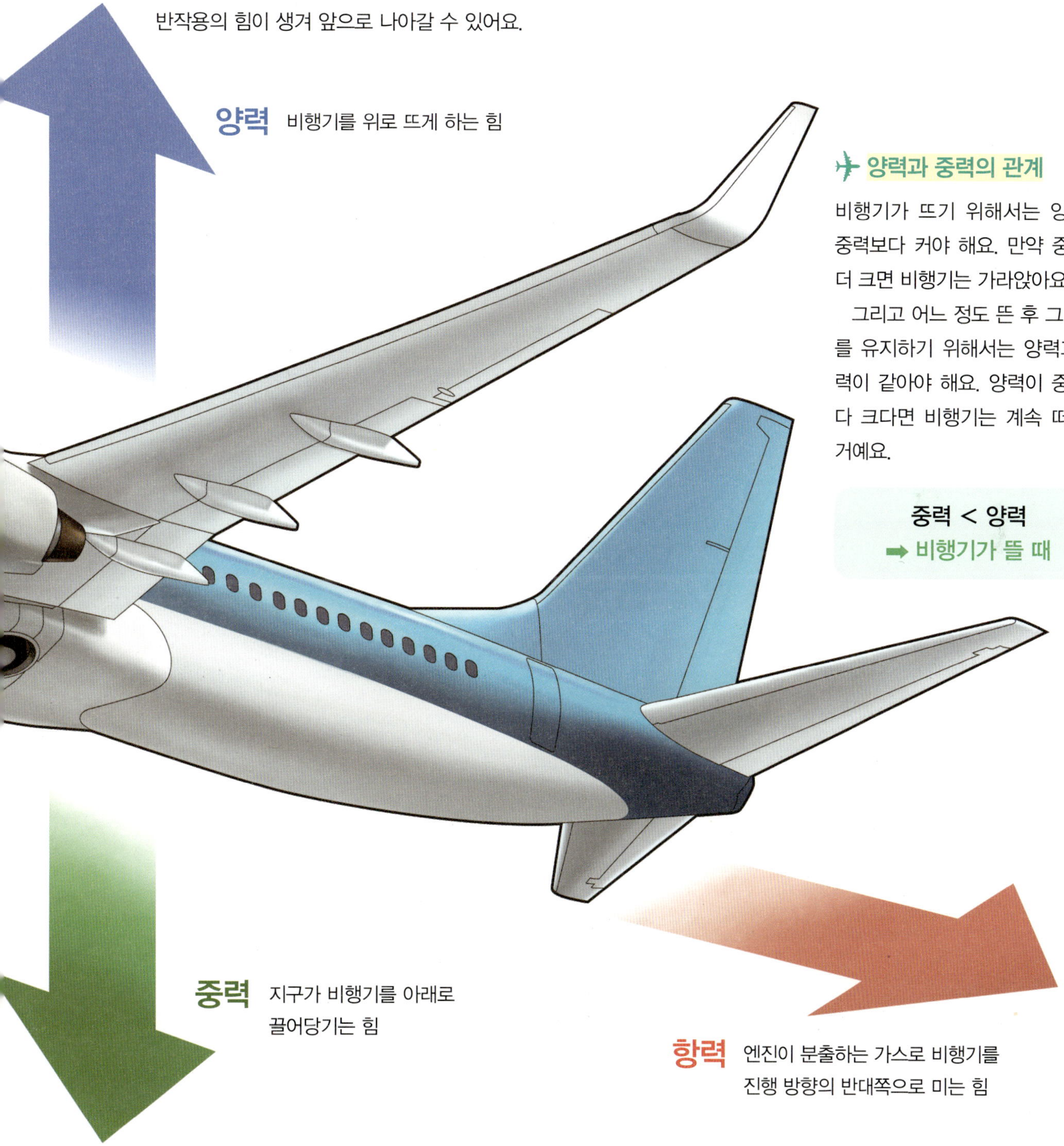

✈ 양력과 중력의 관계

비행기가 뜨기 위해서는 양력이 중력보다 커야 해요. 만약 중력이 더 크면 비행기는 가라앉아요.

그리고 어느 정도 뜬 후 그 상태를 유지하기 위해서는 양력과 중력이 같아야 해요. 양력이 중력보다 크다면 비행기는 계속 떠오를 거예요.

중력 < 양력
➡ 비행기가 뜰 때

중력 지구가 비행기를 아래로 끌어당기는 힘

항력 엔진이 분출하는 가스로 비행기를 진행 방향의 반대쪽으로 미는 힘

비행기가 나는 이유

비행기 날개에도 힘이 생겨요

비행기가 앞으로 나아가는 건 반작용의 힘 때문이에요.
이런 반작용의 힘은 비행기 날개에도 작용하고 있어요.
비행기는 반작용의 힘 때문에 앞으로 나아갈 뿐 아니라 더 잘 날 수 있답니다.

비행기 날개에 반작용의 힘이 생기는 원리

①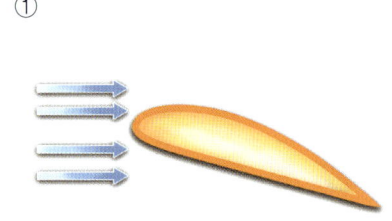

비행기가 앞으로 나아가면 위로 올려진 날개의 아랫면이 공기와 부딪쳐요.

②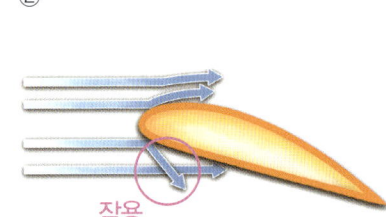

이때 날개와 부딪친 공기가 아래로 꺾이면서 아래로 미는 힘이 생겨요.(작용)

③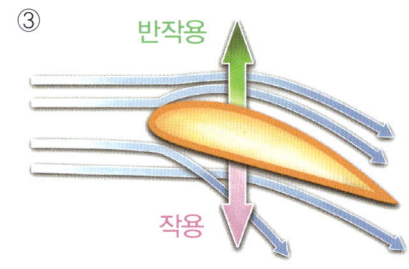

아래로 미는 힘의 반대 방향, 즉 위쪽으로 힘이 생겨요.(반작용) 반작용의 힘과 양력이 합해져 무거운 비행기를 위로 밀어 올리는 힘을 만들어요.

비행기의 날개를 앞에서 보면 어떨까요?

비행기 날개 부분을 잘 관찰해 보면 윗부분이 볼록할 뿐만 아니라 앞부분에 공기와 부딪치는 면이 있음을 발견할 수 있어요.

비행기 지식!

초기 비행기의 날개는 나무로 뼈대를 세우고 캔버스 천을 붙여 만들었어요. 하지만 요즘에는 날개가 예전보다 훨씬 가벼우면서도 단단해야 강한 바람과 뜨거운 엔진을 견디면서 날 수 있지요. 요즘 날개는 보통 알루미늄에 탄소 섬유 같은 재료를 더해 만든답니다.

✈ 양력과 반작용의 힘

비행기는 위가 볼록한 날개의 구조 때문에 날개 아래와 위의 압력 차가 생기게 되어 아래에서 위로 밀어 올리는 양력이 생겨 하늘에 뜰 수 있어요.

하지만 비행기의 무게는 엄청나기 때문에 이 양력만으로는 뜨기가 힘들다고 해요. 이 양력에 반작용의 힘까지 작용하기 때문에 무거운 비행기가 뜰 수 있어요.

비행기 날개에 작용하는 공기의 흐름

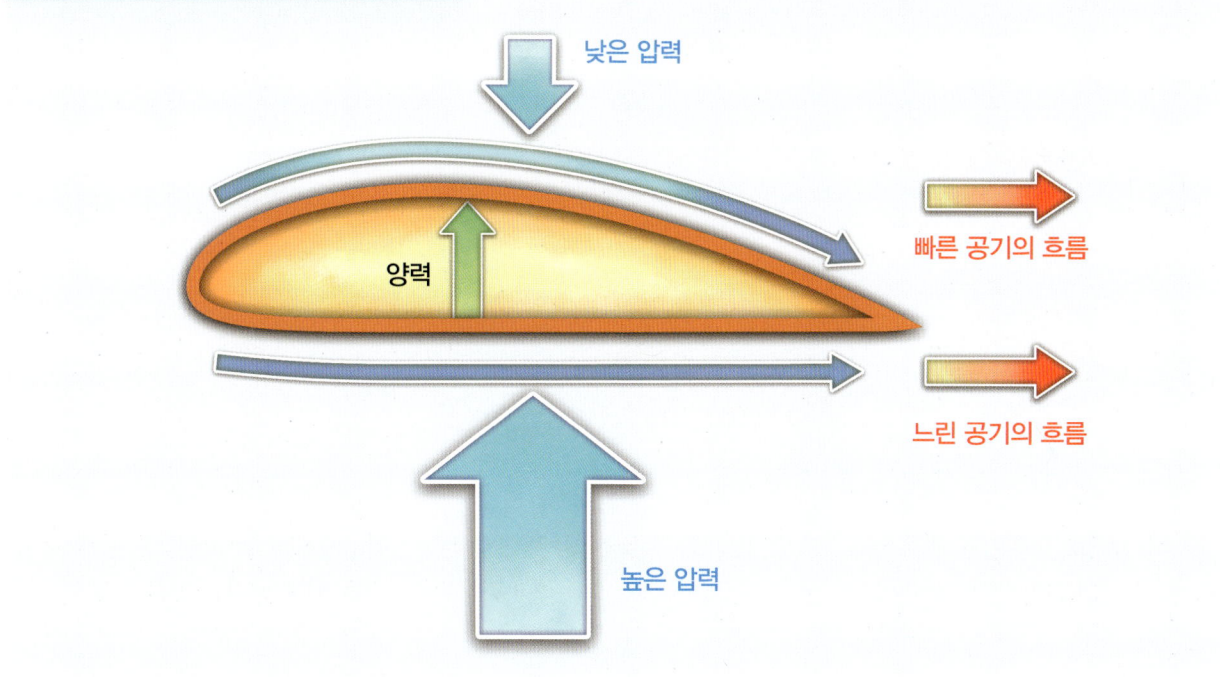

비행기 날개 끝은 왜 들려 있을까요?

날개 끝이 들려 있는 비행기를 본 적 있나요? 이 위로 향한 비행기 날개 끝을 '윙렛'이라고 부른답니다. 이 위로 솟은 작은 날개는 비행기 날개 끝에 발생하는 공기 소용돌이를 줄여 주는 역할을 해요. 이 덕분에 항력이 줄어서 연료를 절감하는 데 도움을 줍니다.

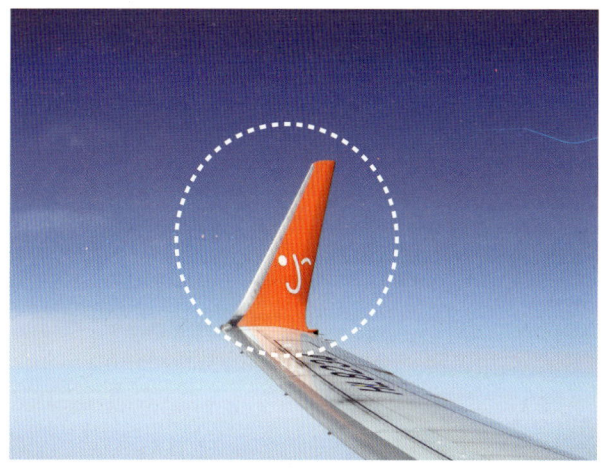

비행기가 나는 이유

비행기를 움직이는 힘의 크기

비행기가 날기 위해서는 힘이 얼마나 필요할까요?
자동차, 기차와 비교해 보며 비행기가 날기 위해 필요한 힘을 알아봅시다.

비행기에 작용하는 힘의 크기

어떤 물체가 일정한 속력으로 달린다고 했을 때 그 물체가 나아가는 힘은 그 물체의 무게를 양력과 항력의 비로 나누면 구할 수 있어요.

물체의 무게 ÷ 양력과 항력의 비

양력과 항력의 비는 다음과 같아요.

양력과 항력의 비 (양력÷항력)	비행기	18
	기차	50
	자동차	25

따라서 각 물체가 나아갈 때 필요한 힘은 다음과 같아요.

비행기(400톤)	22톤
기차(50톤)	1톤
자동차(1톤)	0.04톤

✈ 비행기에 필요한 양력의 크기

비행기가 일정한 높이에 떠 있기 위해서는 양력과 중력이 같아야 해요. 그런데 중력은 곧 비행기의 무게와 같기 때문에 만약 400톤의 비행기가 일정한 높이에서 날고 있다면 비행기의 양력은 400톤입니다.

비행기의 양력 = 비행기의 중력 = 비행기의 무게
➡ 비행기가 떠 있을 때

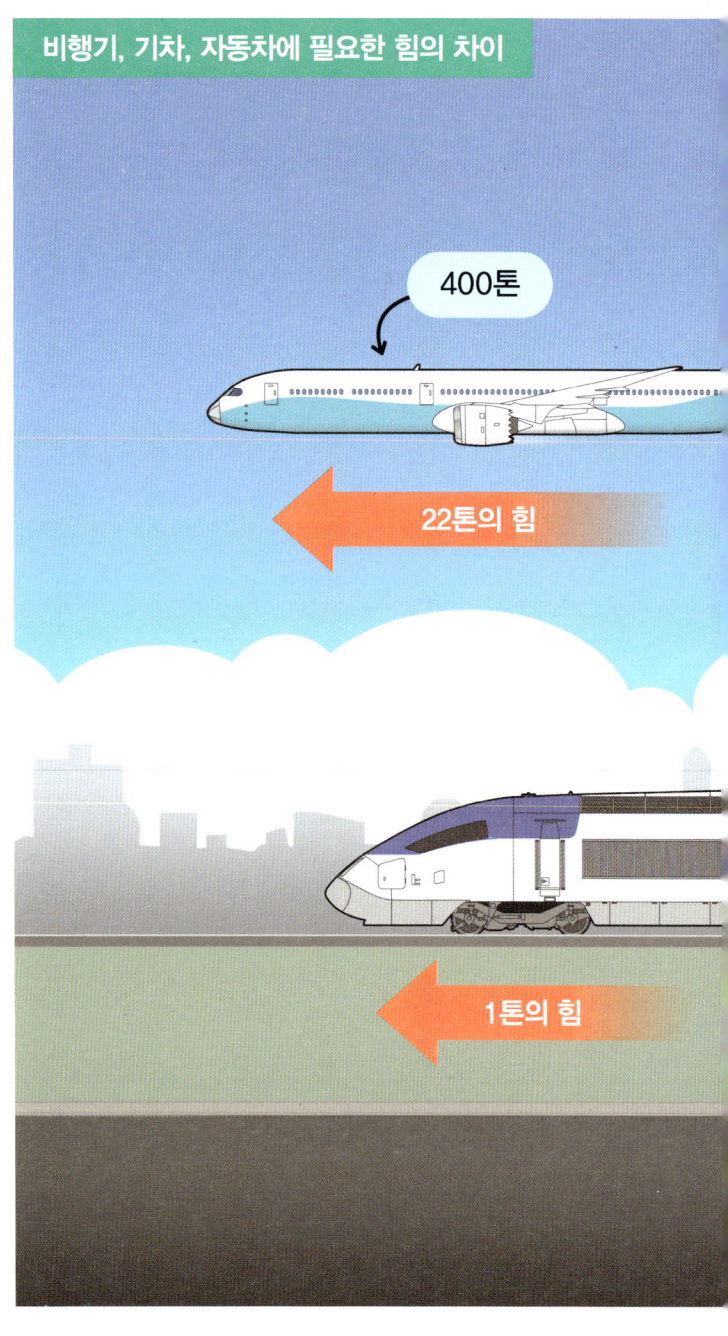

비행기, 기차, 자동차에 필요한 힘의 차이

400톤 — 22톤의 힘
1톤의 힘

✈ 비행기, 기차, 자동차의 무게 비교

비행기와 기차, 자동차의 무게는 얼마나 차이 날까요? 딱 보기에도 비행기가 가장 무겁고 기차, 자동차 순이라는 걸 알 수 있어요. 비행기, 기차, 자동차의 무게는 다음 표와 같아요. 물론 모든 승객이 탔다고 가정했을 때의 무게예요.

비행기	약 400톤
기차	약 50톤
자동차	약 1톤

신기한 사실은 가장 가벼운 자동차가 안전한 땅 위를 달리고 가장 무거운 비행기는 제일 위험한 하늘을 달린다는 사실이에요. 그렇다면 비행기는 어느 정도의 힘을 내기에 하늘을 날 수 있는 것일까요?

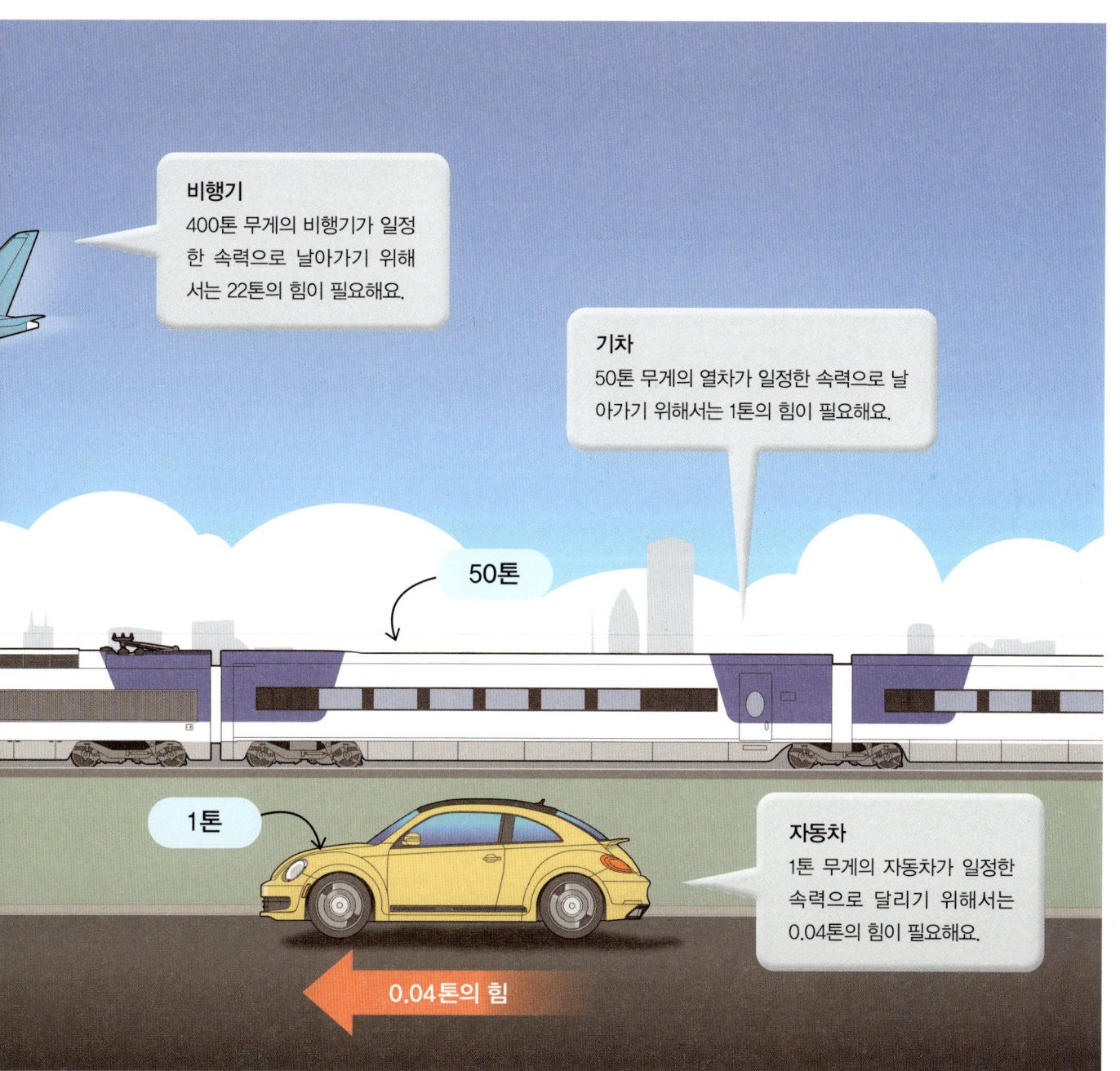

비행기
400톤 무게의 비행기가 일정한 속력으로 날아가기 위해서는 22톤의 힘이 필요해요.

기차
50톤 무게의 열차가 일정한 속력으로 날아가기 위해서는 1톤의 힘이 필요해요.

50톤

자동차
1톤 무게의 자동차가 일정한 속력으로 달리기 위해서는 0.04톤의 힘이 필요해요.

1톤

0.04톤의 힘

잠깐! 비행기 퀴즈

1 날 수 있는 새는 무엇일까요?

① 펭귄 ② 키위새

③ 앨버트로스 ④ 갈라파고스 가마우지

2 비행기에 작용하는 네 가지 힘은 무엇일까요? 빈칸을 채워 보세요.

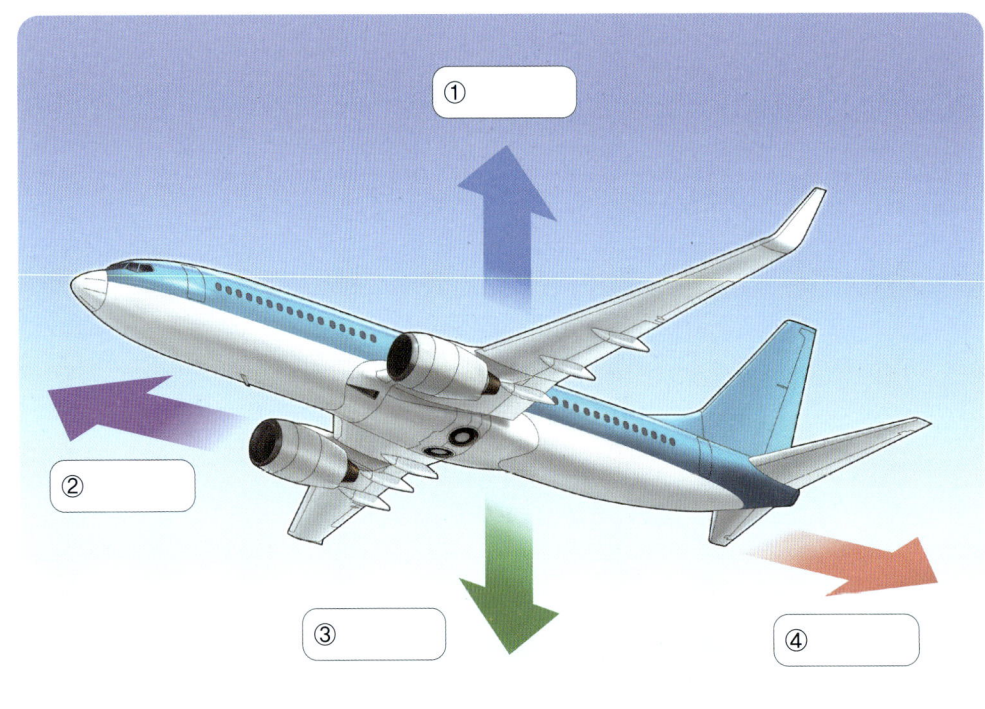

3 스케이트를 신은 채 벽을 밀 때 생기는 두 가지 힘은 무엇일까요?
빈칸을 채워 보세요.

4 자동차, 기차, 비행기가 나아가기 위해서는 힘이 얼마나 필요할까요?
빈칸을 채워 보세요.

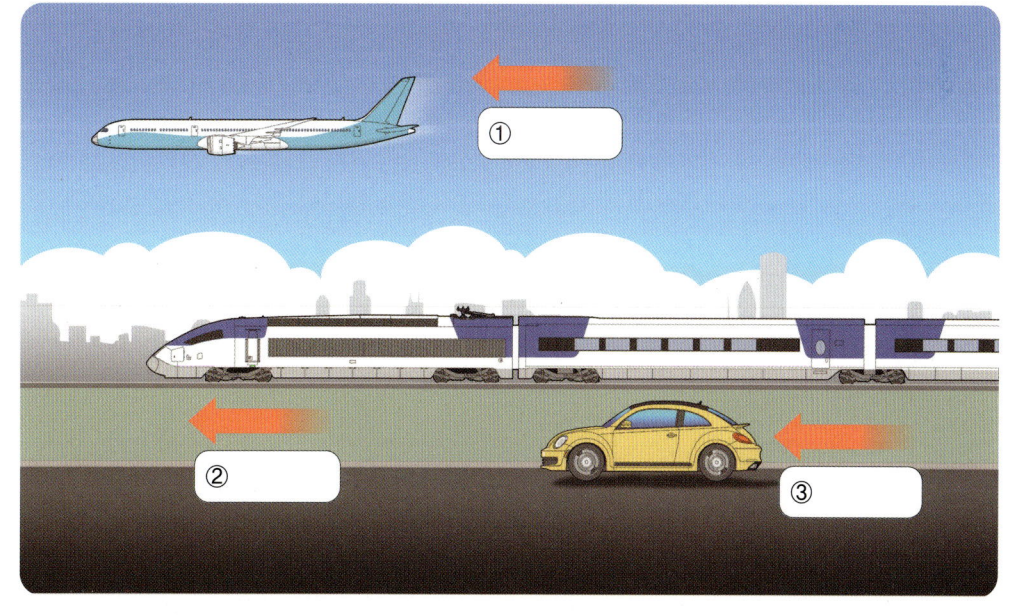

라이트 형제의 비행이 인정받지 못했다고요?

최초로 유인 동력 비행기를 발명한 사람을 묻는다면 대부분 라이트 형제라고 대답할 거예요. 비슷한 시기에 비행기를 만들었지만, 최초의 비행에는 성공하지 못한 물리학자가 있습니다. 바로 '새뮤얼 피어폰트 랭글리'입니다. 랭글리는 물리학자로서 널리 알려진 사람이라 정부의 지원과 대중의 관심 속에서 비행기를 제작했습니다. 라이트 형제는 어려운 환경에서 오직 자신들의 자원을 활용하며 비행기를 개발했지요.

라이트 형제의 플라이어호

새뮤얼 랭글리의 에어로드롬

랭글리가 제작한 동력 비행기 '에어로드롬'은 1903년 10월 7일 최초 비행을 시도했습니다. 에어로드롬은 새총처럼 비행기를 쏘듯이 발사했지만, 제대로 날지 못하고 곤두박질치고 말았습니다. 12월 8일 랭글리는 다시 한번 도전하지만, 뒷날개가 투석기에 걸려 또다시 곤두박질치며 실패로 끝나게 되면서 결국 비행기 개발을 포기합니다.

그로부터 9일 후 1903년 12월 17일 라이트 형제는 네 번의 시험 비행 끝에 59초의 동력 비행에 성공합니다. 라이트 형제의 성공적인 비행 소식을 접한 랭글리는 라이트 형제가 자신의 동력 비행에 대한 조언을 받아서 비행기를 개발하였다고 특허 소송을 벌이게 됩니다. 하지만 방향을 전환하며 비행을 유지하는 라이트 형제의 비행 조종 장치가 성공적인 비행의 핵심 기술이었기에 라이트 형제가 최초의 유인 동력 비행을 성공했다고 결국 인정받았답니다.

2

비행기를 구석구석 살펴봐요!

비행기의 날개 모양은 하나가 아니라는 사실을 알고 있나요?
비행기의 다양한 날개 종류와 비행기 구조에 담긴 놀라운 사실을
찾아보세요. 비행기 창문부터 엔진, 여객기 속도의 비밀까지
비행기의 모든 것을 알 수 있어요!

비행기의 모든 것

항공기는 무엇일까요?

항공기? 비행기? 어떤 게 옳은 말일까요? 둘 다 옳은 말이지만 쓰임은 다릅니다.
어떤 것은 항공기라 부르고 어떤 것은 비행기라 부르지요.
항공기와 비행기는 어떤 차이가 있을까요?

항공기

동력과 무동력을 포함하여 하늘을 나는 모든 비행체를 항공기라고 해요.

경항공기

공기보다 가벼운 항공기로 주로 공기보다 가벼운 기체를 이용해 하늘을 날아요.

무동력

동력을 사용하지 않고 하늘을 나는 경항공기를 말합니다.

자유 기구

열기구는 따로 동력을 사용하지 않기에 무동력 경항공기에 해당해요.

우주선

우주선도 하늘을 나는 비행체이므로 항공기에 포함됩니다.

유동력

동력을 사용하는 경항공기를 말합니다.

비행선

비행선에 공기보다 가벼운 헬륨 가스를 넣어 하늘에 뜨게 만들이요. 그리고 엔진을 이용해 움직여요.

항공기와 비행기는 같으면서도 달라요

비행기와 항공기는 거의 비슷한 뜻으로 사용하고 있는데, 엄밀히 말하면 비행기와 항공기는 서로 달라요.

비행기는 항공기라 부를 수 있지만, 항공기를 비행기라 부를 수는 없어요. 항공기의 의미에 비행기가 포함되기 때문이에요. 즉, 비행기는 항공기의 한 종류에 속하는 말이랍니다.

항공기
> 비행기

중항공기

공기보다 무거운 항공기로 동력과 무동력으로 나눠요.

무동력
공기보다 무겁지만 동력 장치 없이 하늘을 나는 항공기를 말합니다.

활공기(글라이더)
글라이더는 동력 장치 없이 날개가 바람을 타고 하늘을 나는 항공기를 말해요.

행글라이더
행글라이더는 연처럼 생겼고 패러글라이더는 낙하산처럼 생겼어요. 둘 다 기류를 타고 하늘을 나는 글라이더예요.

유동력
동력을 이용하는 중항공기로 비행기가 여기에 해당합니다.

비행기
비행기는 날개를 가지고 동력 장치에 의해 비행하는 항공기를 말해요.

헬리콥터
헬리콥터는 동력 장치에 의해 날개를 회전해 비행하는 항공기를 말해요.

비행기의 모든 것

비행기의 바깥을 살펴볼까요?

비행기 바깥의 구조를 위에서 바라본 모습, 아래에서 바라본 모습을 살펴봐요. 비행기 바깥에 놓인 장치들은 어떤 역할을 할까요?

위에서 바라본 비행기 바깥 구조의 모습

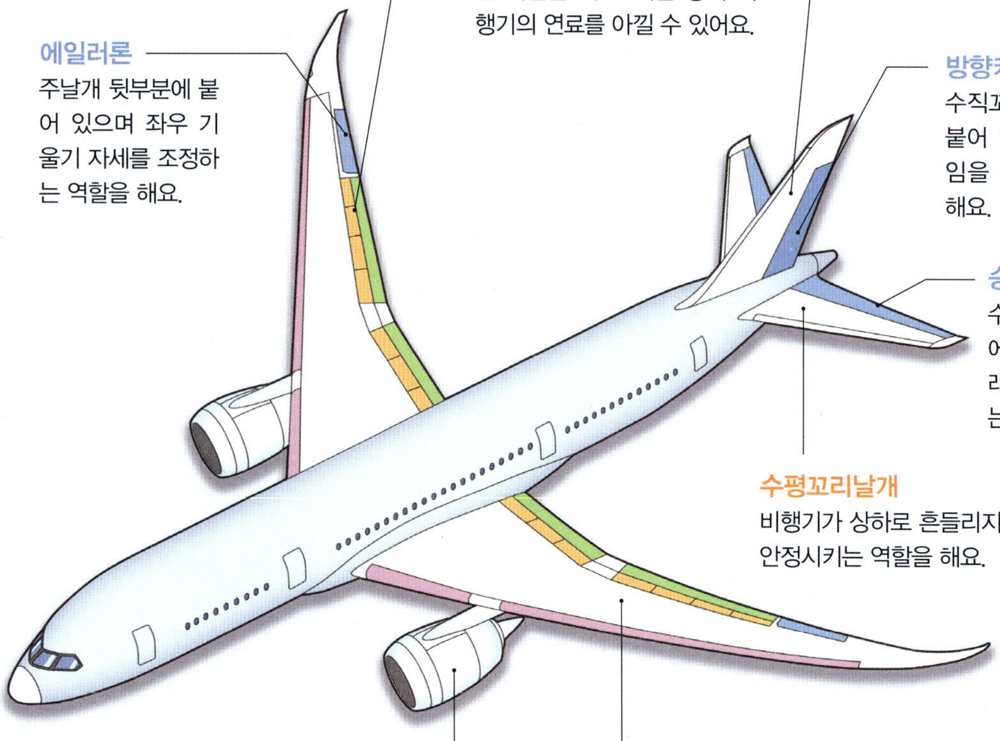

스포일러
주날개 위에 있으며 착륙 시 수직으로 세워져 공기 저항을 이용해 속도를 줄여요. 비행기가 착륙하는 활주로 거리를 줄이는 역할을 해요. 이를 통해 비행기의 연료를 아낄 수 있어요.

수직꼬리날개
비행기가 좌우로 흔들리지 않게 안정시키는 역할을 해요.

에일러론
주날개 뒷부분에 붙어 있으며 좌우 기울기 자세를 조정하는 역할을 해요.

방향키
수직꼬리날개 뒷부분에 붙어 있으며 좌우 움직임을 조정하는 역할을 해요.

승강키
수평꼬리날개 뒷부분에 붙어 있으며 위아래 움직임을 조정하는 역할을 해요.

수평꼬리날개
비행기가 상하로 흔들리지 않도록 안정시키는 역할을 해요.

엔진
대형 비행기에는 엔진이 좌우 두 개씩 총 네 개가 달려 있어요. 중소형 비행기는 좌우 한 개씩 총 두 개가 달려 있어요.

주날개
양력을 발생시키고 좌우 균형을 유지하는 역할을 해요.

아래에서 바라본 비행기 바깥 구조의 모습

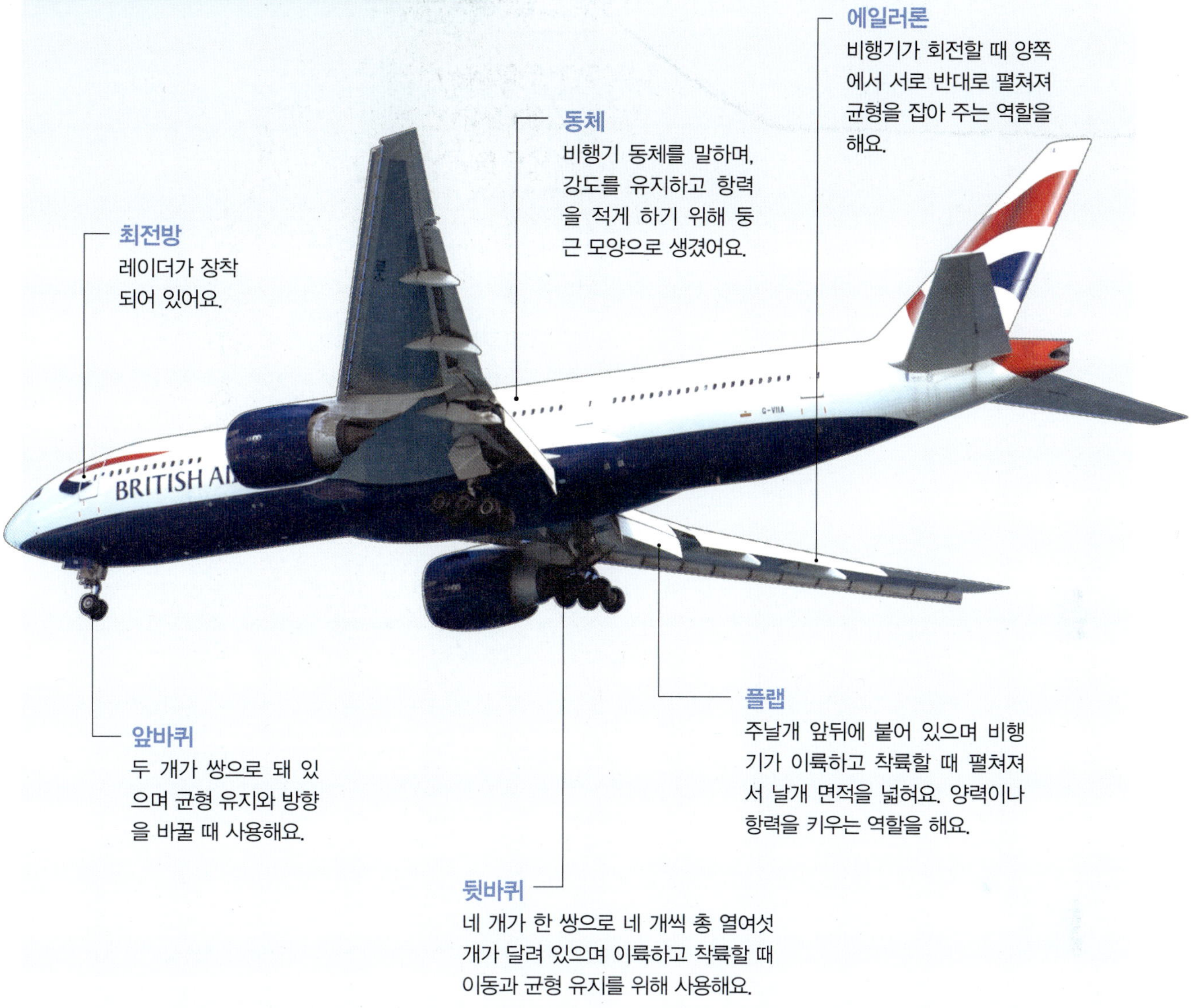

에일러론
비행기가 회전할 때 양쪽에서 서로 반대로 펼쳐져 균형을 잡아 주는 역할을 해요.

동체
비행기 동체를 말하며, 강도를 유지하고 항력을 적게 하기 위해 둥근 모양으로 생겼어요.

최전방
레이더가 장착되어 있어요.

앞바퀴
두 개가 쌍으로 돼 있으며 균형 유지와 방향을 바꿀 때 사용해요.

플랩
주날개 앞뒤에 붙어 있으며 비행기가 이륙하고 착륙할 때 펼쳐져서 날개 면적을 넓혀요. 양력이나 항력을 키우는 역할을 해요.

뒷바퀴
네 개가 한 쌍으로 네 개씩 총 열여섯 개가 달려 있으며 이륙하고 착륙할 때 이동과 균형 유지를 위해 사용해요.

하늘을 날 때는 비행기의 앞바퀴를 접어 동체 안으로 넣어요.

비행기의 모든 것

비행기 구조에 담긴 놀라운 사실

비행기의 각 부분을 보면서 '여기는 왜 이렇게 생겼지?' '이곳은 어떤 기능을 할까?' 하고 궁금했던 적 있나요? 비행기의 구조를 구석구석 살펴봅시다.

비행기 창문에 난 구멍의 비밀

비행기 창문에 작은 구멍을 볼 수 있어요. 이 구멍은 비행기 안과 밖의 온도 차이가 너무 커 창문에 하얀 성에가 낄 수 있기 때문에 이를 방지하기 위해 만들어 놓은 거예요.

비행기 창문이 둥근 이유

비행기 창문은 네모나지 않고 둥근 모양으로 생겼어요. 둥근 창문이 네모난 창문보다 외부 충격에 강하기 때문이에요.
비행기 창문은 3중 창이라 더욱 단단해요.

엔진 아랫부분이 살짝 납작한 이유

보잉 747은 주날개 앞부분에 엔진을 장착했어요. 그런데 이때 엔진의 아랫부분이 바닥에 닿는 문제가 발생했어요. 이 문제를 해결하기 위해 엔진의 아랫부분을 납작하게 만들어 바닥에 닿지 않도록 했습니다.

34

전투기 날개를 톱니 형태로 만든 이유

전투기의 날개에는 날개 앞부분에 톱니 형태가 있어요. 비행기가 날다 보면 날개 면이 공기와 마찰을 일으키면서 공기가 불규칙하게 움직이는 난류 현상이 일어날 수 있어요.

이때 톱니 형태의 날개는 공기의 소용돌이 현상을 일으켜 난류 현상을 조절할 수 있어요. 이 때문에 전투기에는 날개 앞부분에 톱니 형태가 있답니다.

T자 수평꼬리날개의 비밀

수평꼬리날개 위에 ⊥ 모양의 꼬리날개 모양이 있어요. ┳ 모양의 꼬리날개를 한 비행기도 있는데 엔진 때문이에요.

어떤 비행기는 엔진을 앞날개에 달지 못하고 비행기 꼬리 부분에 장착해야 하는데 이때는 엔진 때문에 수평꼬리날개가 제 역할을 할 수 없어요. 그래서 수직꼬리날개 윗부분이 ┳ 자 모양이 된 것이랍니다.

날개 뒷부분 각진 부분의 비밀

비행기 날개에는 연료 탱크가 있어요. 그런데 연료를 넣을 공간뿐 아니라 바퀴를 넣을 공간까지 필요해요.

이때 날개를 각지게 꺾어 주면 공간을 더 많이 확보할 수 있어요. 그래서 비행기 날개 뒷부분을 각지게 만들었어요.

초음속 비행기의 수직꼬리날개가 큰 이유

수직꼬리날개는 비행기의 수평 균형을 조절하는 역할을 해요. 그런데 초음속 비행기의 경우 외부의 충격파 때문에 수평 균형 조절이 힘들 때가 있어요.

이 때문에 초음속 비행기의 경우 수직꼬리날개를 더 크게 만들어 수평 방향 균형을 조절하고 있어요.

비행기의 모든 것

비행기마다 날개 모양이 달라요

비행기 날개는 새 날개만큼이나 종류와 생김새가 다양해요. 직사각형 모양부터 삼각형, 타원형까지 다양한 모습을 자랑한답니다. 날개가 달린 위치도 가지각색이지요. 비행기 날개를 자세히 살펴볼까요?

비행기 동체에 붙은 날개 위치에 따른 종류

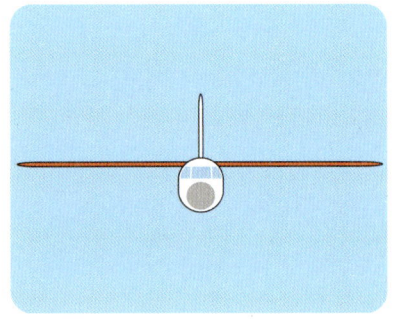

고익

비행기 윗부분에 날개가 달려 있어 공기의 흐름이 비행기 동체의 방해를 받지 않아요. 더 큰 양력이 생깁니다.

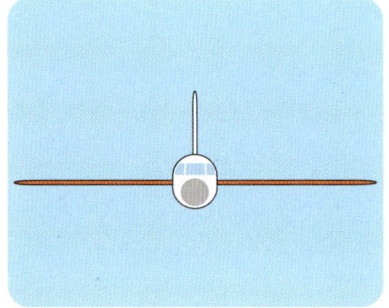

중익

비행기 중간에 날개가 달려 있으면 주날개와 동체가 더 튼튼하게 붙어 조종하기가 쉬워요.

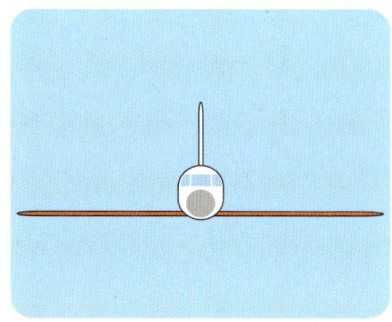

저익

비행기 아랫부분에 날개가 달려 있어 착륙에 필요한 장치의 길이와 무게를 줄일 수 있어요.

비행기 지식!

비행기 날개 모양은 계속 발전하고 있어요. '플라잉-V'라는 비행기는 진짜 알파벳 'V'와 똑같이 생겼어요. 공기 저항과 무게를 줄여 연료 소비를 낮출 수 있다고 합니다. 동체가 따로 없어 양쪽 날개에 승객들이 탑승한다고 해요.

　목적에 따라 날개의 각도를 조절하는 '가변 날개'도 있답니다. 느리게 날 때는 직선 날개로, 빠르게 날 때는 후퇴 날개로 만들어 상황에 맞게 날개를 변화시킬 수 있는 것이 장점이지요. 미국의 유명한 전투기인 F-14가 가변 날개를 적용한 비행기랍니다. 다만, 유지나 관리뿐 아니라 제작에도 많은 비용이 들어서 발전이 크게 이루어지지는 못했어요.

가변 날개를 단 F-14

비행기 날개의 평면 모양에 따른 종류

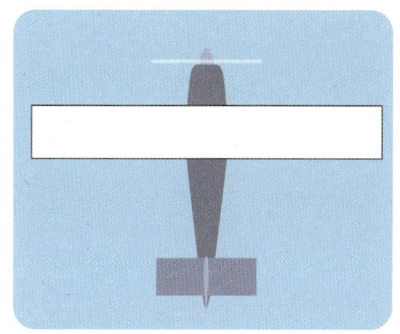

직사각형 날개

소형 비행기에 주로 사용하는 날개 모양이에요.

직사각형 날개는 날개 안쪽부터 바깥쪽까지 너비가 같기 때문에 날개 끝에서 양력을 잃기 쉽다는 단점이 있어요.

후퇴 날개

약간 뒤로 젖힌 모양의 날개를 후퇴 날개라고 해요.

비행기가 빠르게 날다 보면 충격파를 만나는데 이때 날개가 젖혀 있으면 충격파를 줄일 수 있어요. 많은 비행기가 후퇴 날개를 가지고 있어요.

전진 날개

날개가 비행기 앞으로 꺾인 모양을 말해요. 전진 날개도 후퇴 날개처럼 충격파에 효과적이에요.

비행기가 뜨고 내릴 때는 속도가 줄어들 수밖에 없는데 이때는 전진 날개가 단점으로 작용할 수도 있어요.

삼각형 날개

비행 속도가 빠를수록 후퇴 날개의 각도를 더 높여야 합니다. 그런데 후퇴 날개의 각도를 높이는 데는 한계가 있어요.

날개가 많이 꺾이면 비행기가 안정적으로 버티기 어렵기 때문이에요. 그래서 삼각형 날개가 등장했답니다.

테이퍼 날개

공기의 항력을 줄이기 위해서는 타원형 날개 모양이 가장 좋지만 이를 만드는 데 고도의 기술이 필요하기 때문에 비용이 많이 들어가요. 이때 날개 끝부분의 폭이 좁은 테이퍼 날개 모양은 타원에 가까우면서도 제작이 쉬워 좋은 모양이랍니다.

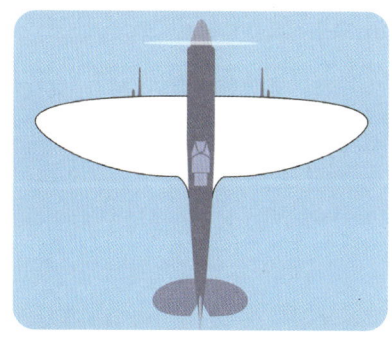

타원형 날개

비행기가 뜨거나 날아갈 때에 가장 큰 문제는 공기의 저항이에요. 위로 미는 양력에 저항하는 공기의 힘이 생기고 앞으로 나아가는 추력에 저항하는 공기의 힘이 생겨요.

날개의 모양을 타원형으로 하면 공기의 항력을 최대로 줄일 수 있어요.

비행기의 모든 것

여객기는 얼마나 빠를까요?

사람은 비행기로 더 빨리 날기에 도전해 왔습니다. 그런 도전이 이어져 초음속 비행기가 등장했습니다. 초음속 비행기란 소리의 속도보다 빠르게 나는 비행기를 말해요. 초음속 비행기는 여객기로도 쓰이다가 갑자기 중단되었어요. 어떤 문제가 있었던 것일까요?

여객기의 속도 변화

프로펠러 여객기
시속 160킬로미터 정도로 자동차 속도와 비슷했어요.

제트 여객기
시속 900킬로미터 정도로 하늘을 날았어요.

초음속 여객기
마하 2 정도로 하늘을 날았어요. 지금은 운항하지 않아요.

✈ 마하란 무엇일까

승객을 태운 여객기는 초기에 지금 자동차와 비슷한 속도인 시속 160킬로미터 정도로 날다가 시속 450킬로미터 정도까지 빨라졌어요. 일본 도쿄에서 미국 샌프란시스코까지 25시간 이상이 걸렸어요.

이후 제트 여객기가 등장하면서 두 배 속도인 시속 900킬로미터로 날게 되었어요. 같은 거리를 비행하는 데 9~10시간으로 크게 줄었어요.

사람은 더 빠른 비행기를 만들었고 소리의 속도인 음속에 도전했어요. 음속은 약 시속 1,224킬로미터 정도예요. 이 소리의 속도를 마하 1이라 하고 이를 기준으로 비행기의 속도를 나타내요.

- 아음속 = 마하 0.8보다 작음
- 천음속 = 마하 0.8~마하 1
- 음속 = 마하 1
- 초음속 = 마하 1보다 큼

비행기 지식!

충격파는 비행기에서만 생기지 않아요. 천둥과 번개가 칠 때도 충격파가 발생한답니다. 번개가 치면 많은 에너지가 발생하면서 충격파가 생기고, 이 충격파가 음파로 변해 큰 소리를 내는 게 천둥이에요.

초음속 여객기가 사라진 이유

초음속 여객기가 사라진 건 '충격파' 때문이에요. 비행기가 소리의 속도에 가깝게 하늘을 날아가면 갑자기 공기가 태풍과 비슷한 바람을 일으키며 천둥과 같은 엄청난 굉음을 내요. 이게 바로 '충격파'입니다.

최초의 초음속 여객기 콩코드에서도 이런 일이 일어났지요. 충격파 때문에 주변의 건물들이 소음과 배기 가스로 인해 큰 피해를 입었어요. 그래서 초음속 여객기가 사라졌답니다. 최근 다시 초음속 여객기 개발 소식이 들려오고 있어요.

다시 개발되고 있는 초음속 여객기 시험 모델 X-59의 모습. 충격파를 이기기 위해 삼각형 날개 모양을 하고 있어요.

충격파가 생기는 원리

소리에도 힘이 있기 때문에 주변 공기에 영향을 줘요. 그런데 초음속 비행기는 거의 소리와 같은 속도로 날기에 이전에 냈던 소리에 현재 나는 소리가 합해져 엄청난 압력의 공기 덩어리를 만들어 내요. 이 공기 덩어리가 폭발하면서 충격파가 일어나게 된답니다.

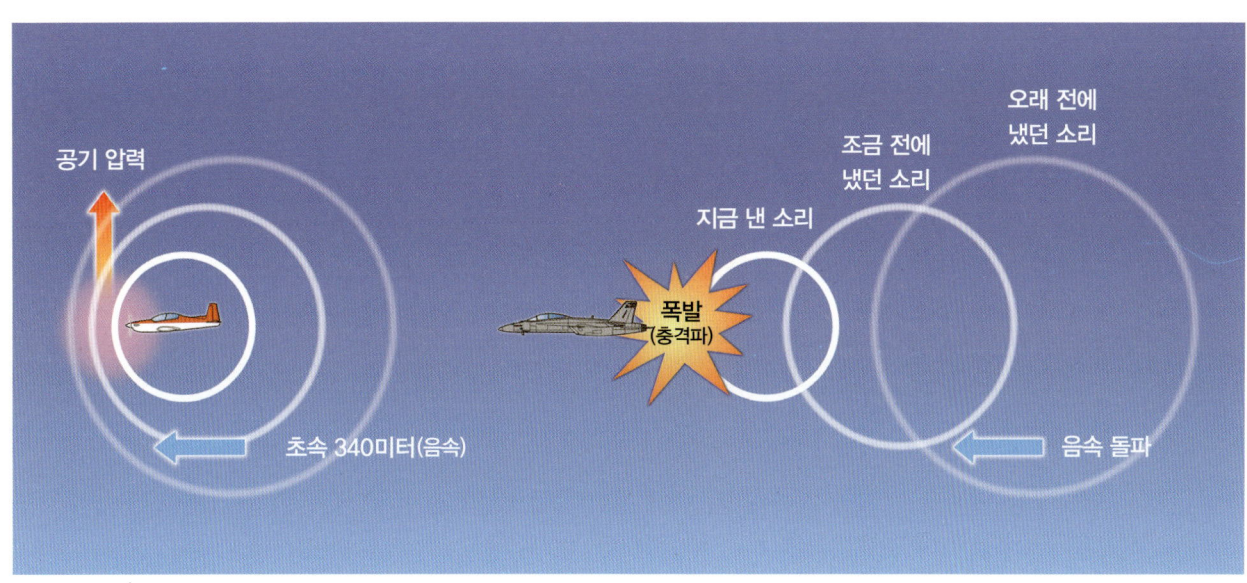

비행기의 모든 것

비행기 엔진은 왜 여러 개일까요?

자동차에는 엔진이 하나 달렸어요. 그런데 엔진이 하나만 달린 비행기는 없어요.
왜 비행기에는 엔진이 두 개 이상 달려 있을까요?

비행기 엔진의 개수

쌍발기 엔진

처음에는 비행기 양 날개 아래에 제트 엔진을 하나씩 달았어요. 하지만 당시에는 엔진 하나가 고장 나면 기술상 나머지 엔진 하나만으로 운항할 수 있는 시간이 짧아졌어요. 그래서 3발기 엔진을 개발하게 되었습니다.

3발기 엔진 · 4발기 엔진

3발기 엔진과 4발기 엔진은 엔진 하나가 고장 나더라도 운항 시간이 줄어들지 않아서 인기를 누렸어요. 하지만 기술이 발전하면서 쌍발기 엔진도 엔진 하나가 고장 나더라도 나머지 엔진으로 운항할 수 있는 시간이 길어졌어요. 따라서 3발기, 4발기 엔진이 필요 없게 되었어요.

✈ 비행기 엔진이 두 개 이상인 이유

비행기에는 자동차와 달리 최소한 두 개 이상의 엔진이 달려 있어요. 그 이유는 하늘이 땅보다 더 위험하기 때문이에요. 땅에서는 달리다가 엔진이 고장 나면 멈추기 때문에 사고에 대처할 수 있어요.

하지만 비행기가 하늘을 날다 엔진이 고장 나면 땅으로 떨어져서 큰 사고가 나요. 그래서 엔진이 고장 나더라도 안전하게 비행하기 위해 비행기는 엔진을 두 개 이상 준비해요.

비행기 제트 엔진의 구조와 원리

비행기 제트 엔진 바깥은 프로펠러 모양을 하고 있어요. 엔진이 가동되면 이 프로펠러가 세차게 돌면서 바람을 일으킵니다.

이 공기는 프로펠러의 뒤쪽, 즉 비행기의 뒤로 흐르면서 압축기와 연소기를 거쳐 엄청난 힘의 배기가스를 배출하게 되어요. 이때 배기가스의 반작용 힘인 추력이 생겨서 비행기가 앞으로 나아가요.

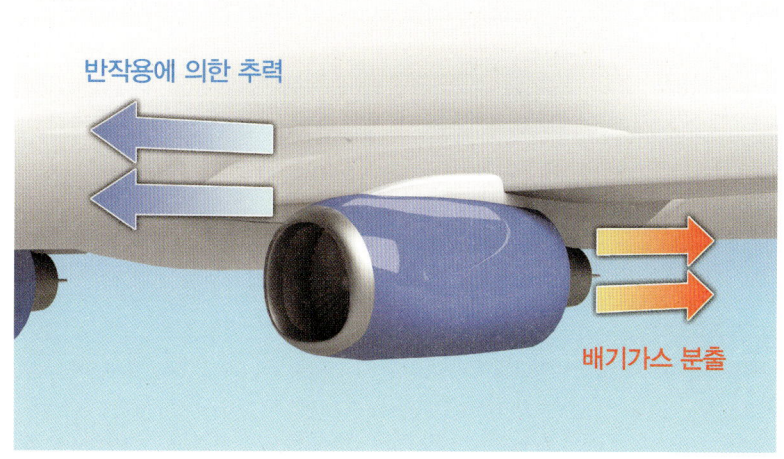

비행기 지식!

비행기가 날아갈 때 엔진 뒤로 얇은 비행기 구름이 생기는 걸 본 적이 있나요? 엔진이 뜨거운 배기가스를 내뿜어서 수증기가 생기면 찬 공기와 만나 얼어붙습니다. 이때 구름이 생깁니다.

비행기 엔진의 세부 구조

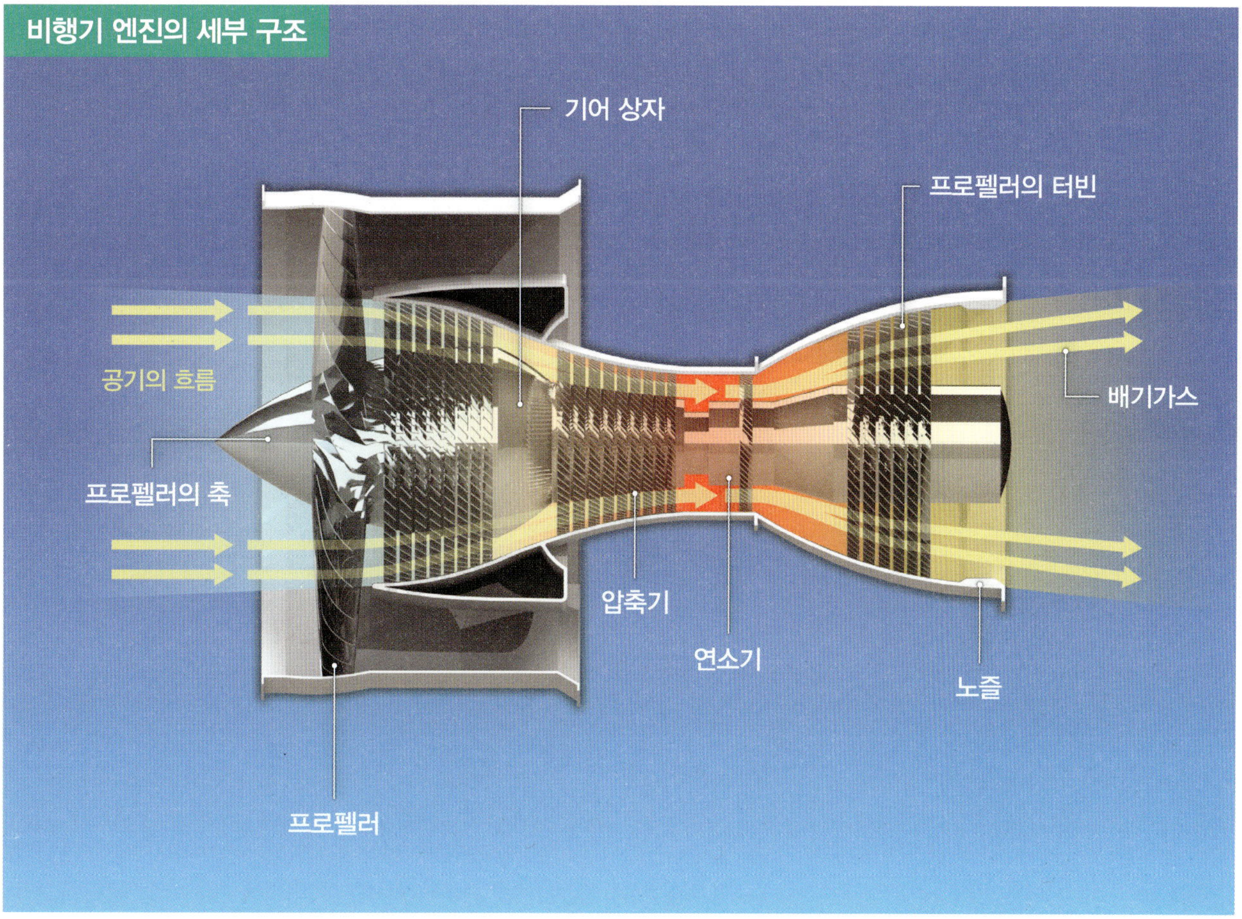

잠깐! 비행기 퀴즈

1 비행기 날개 이름을 맞혀 볼까요? 빈칸을 채워 보세요.

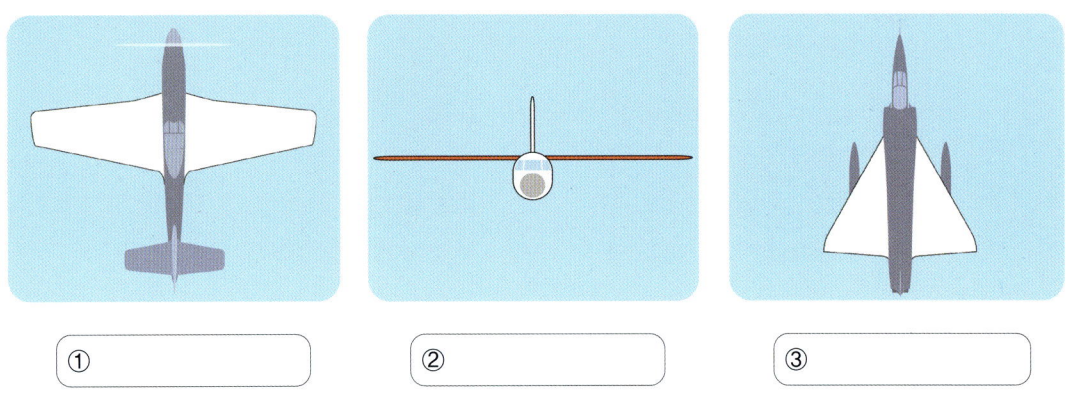

① _____ ② _____ ③ _____

2 비행기 외부 구조 이름을 맞혀 볼까요? 빈칸을 채워 보세요.

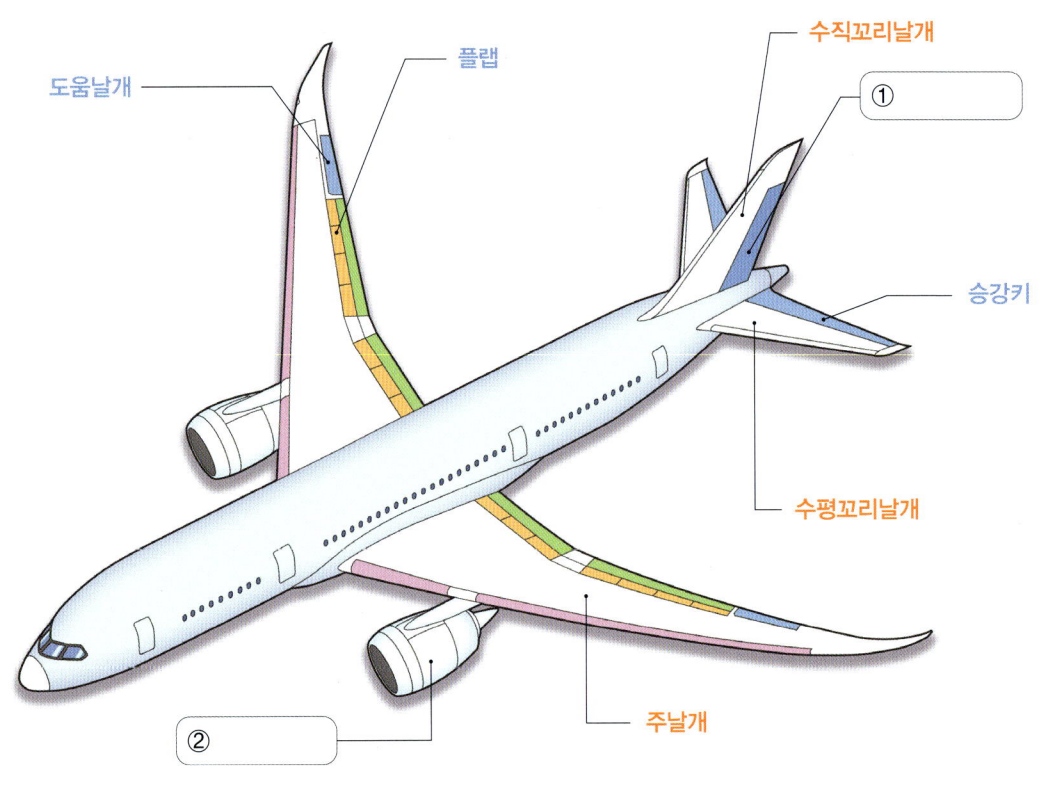

3 무동력 항공기는 무엇일까요?

① 비행기

② 글라이더

③ 헬리콥터

④ 비행선
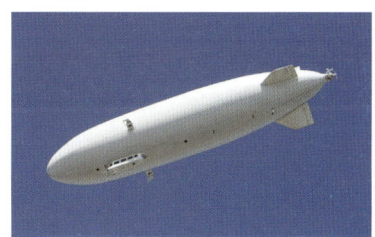

4 속도가 빠른 순서대로 나열해 볼까요?

①

②

③

정답: 1 ①테이블 보기, ②포크, ③숟가락 젓가락, ④유통받기 2 3 ②글라이더 4 ③-①-②

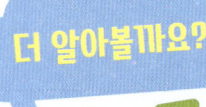

더 알아볼까요?

초기 비행기는 날개가 여러 개였다고요?

최초의 비행기인 라이트 형제의 '플라이어 1호' 이후로 1920년대까지 많은 항공기가 이 복엽기 형태를 고수했습니다. 복엽기는 날개가 여러 장 달린 비행기로, 엔진의 힘이 약했던 때에는 비행기 대부분이 복엽기였습니다. 나무로 만든 기둥에 캔버스 천을 덮어 날개를 튼튼하게 만들기 어려웠기 때문에, 날개를 여러 장 만들어 서로 지탱하는 모양으로 만들었어요.

날개가 세 장 달린 삼엽기는 복엽기보다 큰 양력을 발생시켜 더 높이 상승할 수 있었어요. 적을 피하거나 추격하기에 수월했습니다.

앨버트로스

포커 DR.1

날개가 두 장이라는 것은 양력도 두 배 가까이 발생한다는 뜻이에요. 항력이 크더라도 양력이 더 크면 조종하기도 쉽고, 이착륙 거리도 짧아져서 예전에는 복엽기를 타는 게 좋았지요.

그런데 제1차 세계 대전 이후 기술이 발전하면서 비행기는 빠른 속도가 더욱 중요했어요. 승객이나 짐을 싣고 빨리 이동해야 했을 뿐 아니라, 전투기도 빠른 속도로 적에게 공격을 가하고 빨리 도망쳐서 다음 공격 기회를 노리는 전술로 변화했기 때문이지요.

기술의 발전으로 날개 한 장으로도 힘을 견딜 수 있게 되었지요. 더 가볍고 튼튼한 날개를 제작할 수 있게 되면서 복엽기는 사라졌습니다.

3

비행기는 어떻게 조종할까요?

커다란 비행기를 움직이는 조종 장치는 어디에 있을까요?
조종사가 비행기를 움직이기 위해 사용하는 다양한 장치를 알아보세요.
계기판 읽는 법, 비행기를 원하는 방향으로 움직이는 조종법,
안전하게 착륙하는 기술까지 배울 수 있어요!

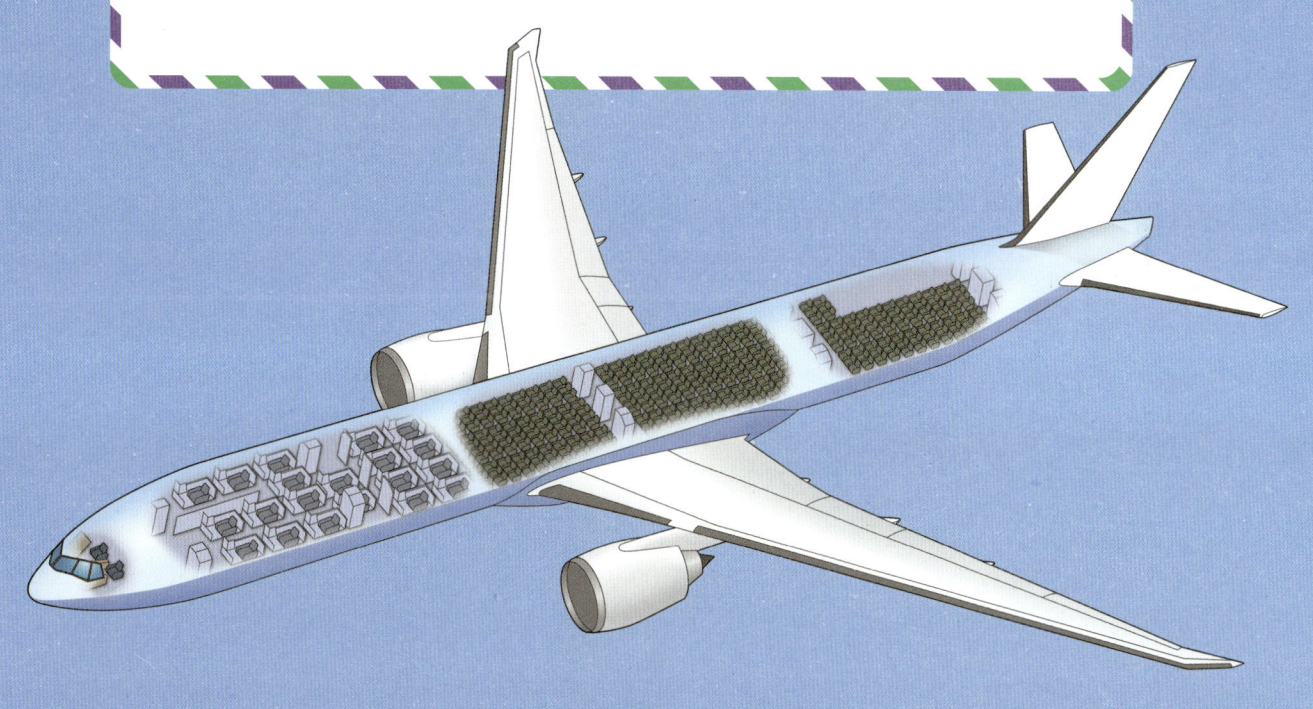

조종실은 어떻게 생겼을까요?

멋진 비행기를 움직이는 곳은 어디일까요? 바로 조종실이랍니다.
조종실에는 비행기를 움직이기 위한 다양한 장치가 놓여 있어요.
과연 비행기의 조종실은 어떻게 생겼을까요?

비행기 조종실의 구조와 역할

비행기 조종실은 마치 사람의 뇌와 같이 비행기의 모든 상황을 조종하는 역할을 해요. 조종실에는 속도를 조절하고, 방향을 바꾸기 위한 조종 장치와 비행기의 방향, 고도, 속도를 표시하는 계기가 있어요. 비행기 조종실은 좌우 대칭 구조로 생겼는데 왼쪽에 기장, 오른쪽에 부기장이 앉아요. 이러한 구조로 만든 이유는 만약 한쪽 장치가 고장 났을 때 재빨리 대처하기 위해서입니다.

보잉 787 조종실 실제 모습

- 오버헤드 패널
- 디스플레이
- 조종간
- 엔진 스로틀
- 페달
- 기장석
- 부기장석

조종실의 위치

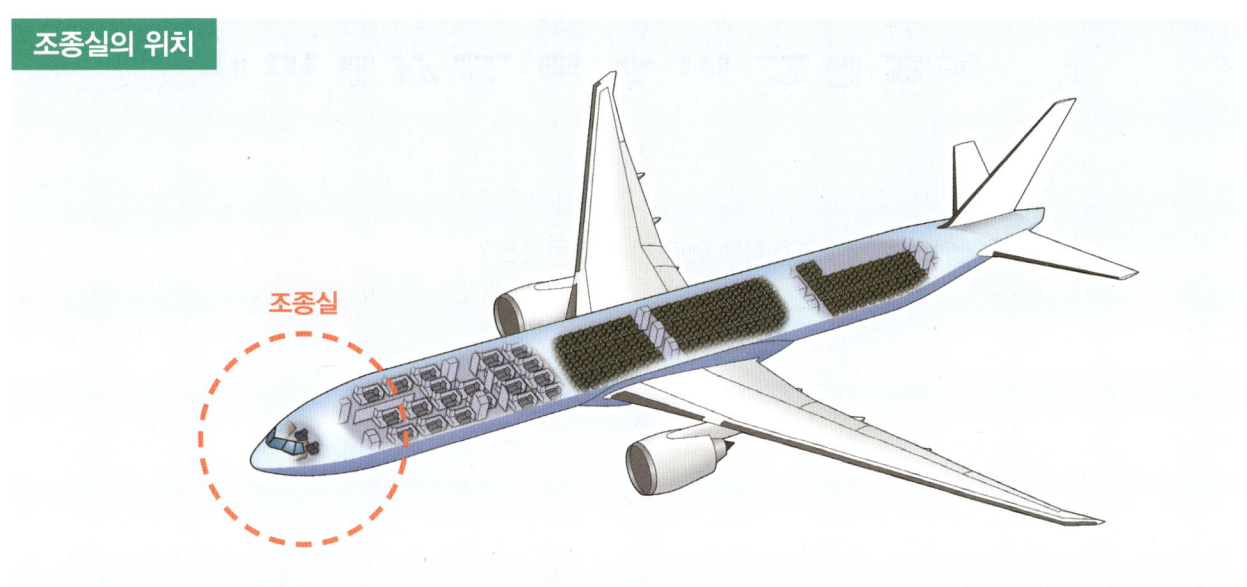

조종실

조종실의 내부 모습

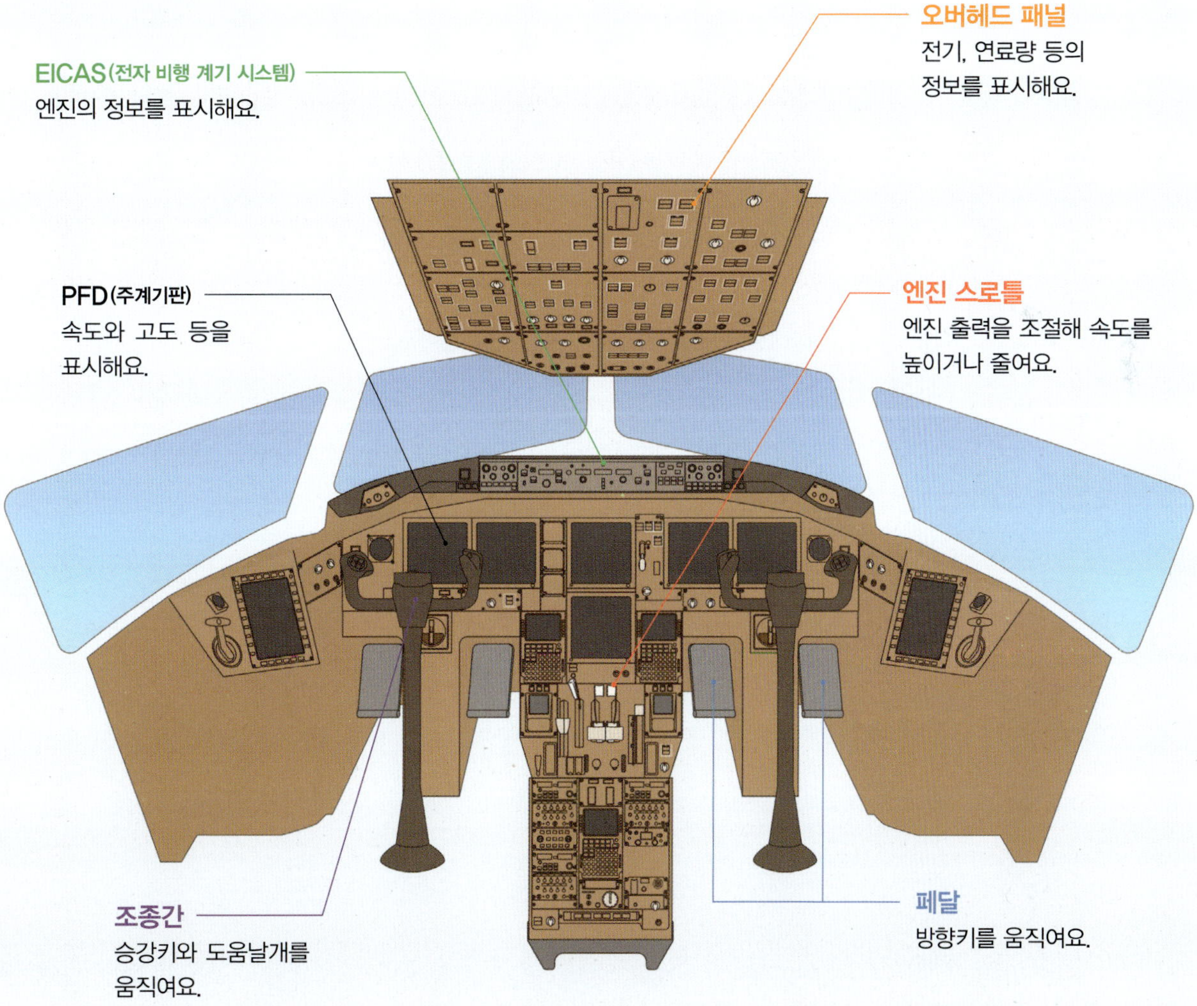

EICAS (전자 비행 계기 시스템)
엔진의 정보를 표시해요.

오버헤드 패널
전기, 연료량 등의 정보를 표시해요.

PFD (주계기판)
속도와 고도 등을 표시해요.

엔진 스로틀
엔진 출력을 조절해 속도를 높이거나 줄여요.

조종간
승강키와 도움날개를 움직여요.

페달
방향키를 움직여요.

조종실의 구조

비행기 조종에 필요한 모든 것

조종사는 커다란 비행기를 어떻게 움직일까요?
조종실에 놓인 수많은 조종 장치를 이용해 방향과 속도 등을 조절할 수 있어요.
조종사가 사용하는 장치들을 찾아 볼까요?

비행기가 날아가는 과정

에어쇼에서 전투기나 곡예 비행기는 갑자기 위로 솟구쳤다가 아래로 내려오거나 비행기의 방향을 자유자재로 돌리기도 해요. 하지만 일반적으로 승객을 실어 나르는 여객기는 이륙(비행기가 땅에서 뜨는 일)과 상승, 수평비행(순항), 그리고 하강 및 착륙(비행기가 땅에 내려앉는 일)의 과정을 거쳐요. 조종사는 조종실에서 다양한 장치를 이용해 이륙, 상승, 순항, 하강, 착륙에 필요한 기기를 알맞게 작동해야 해요.

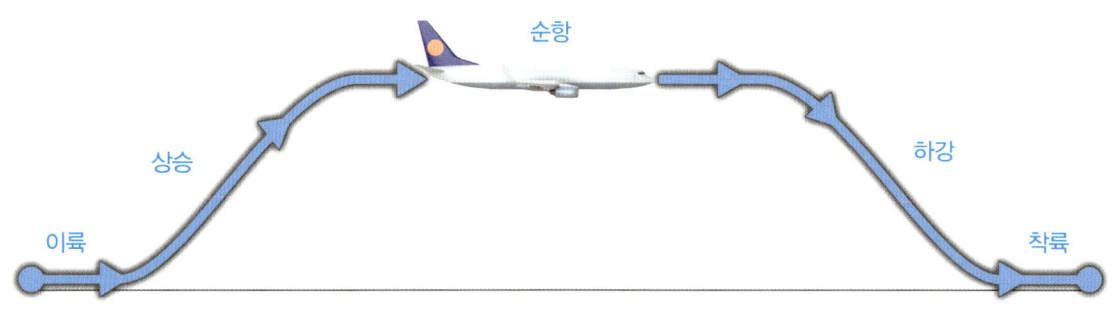

비행을 위한 조종 장치와 계기

비행기가 날기 위해서는 조종간, 페달, 엔진 스로틀과 비행기 상태를 관찰할 수 있는 여러 가지 계기류(속도계, 고도계, 승강계, 엔진과 관련된 계기, 항법상 필요한 계기)가 필요해요. 조종사는 조종 장치로 비행기를 원하는 방향과 속도로 움직이고, 계기를 보고 비행기의 상태를 파악할 수 있어야 해요.

조종간
승강키와 도움날개를 움직여 위아래 기울기를 조절해요.

페달
방향키를 움직여 좌우 방향을 조절해요.

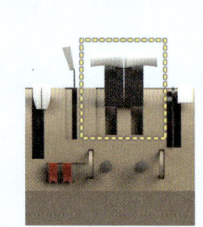

엔진 스로틀
자동차의 액셀처럼 속도를 조절해요.

비행기의 자동 조종 장치

최신 비행기에는 비행기 조종의 모든 과정이 자동으로 조종되는 장치가 있어요.

이를 자동 조종 장치, '오토파일럿'이라 불러요. 이 장치가 있으면 조종사는 수동 조작 없이 비행기를 운항할 수 있어요.

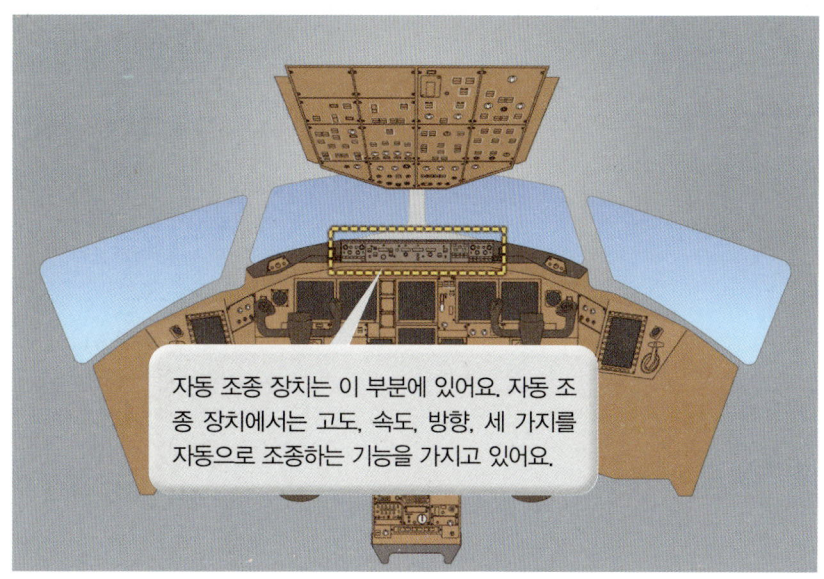

자동 조종 장치는 이 부분에 있어요. 자동 조종 장치에서는 고도, 속도, 방향, 세 가지를 자동으로 조종하는 기능을 가지고 있어요.

비행기의 속도 조절

비행기의 엔진 스로틀 레버는 긴 막대 모양을 하고 있어요. 자동차의 액셀과 같이 앞으로 밀면 비행기의 속도가 빨라지고 뒤로 당기면 속도가 느려져요.

최신 비행기는 자동 엔진 스로틀이 장착돼 있어 따로 조절할 필요가 없어요. 꼭 필요할 때만 수동으로 엔진 스로틀을 조작해요.

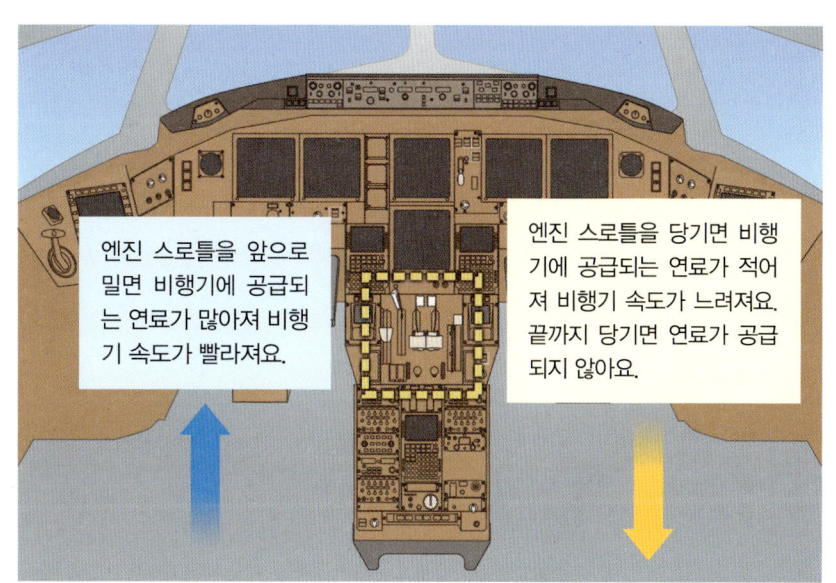

엔진 스로틀을 앞으로 밀면 비행기에 공급되는 연료가 많아져 비행기 속도가 빨라져요.

엔진 스로틀을 당기면 비행기에 공급되는 연료가 적어져 비행기 속도가 느려져요. 끝까지 당기면 연료가 공급되지 않아요.

비행기 조종사의 역할

1. 비행기 움직이기

이륙, 상승, 수평 이동 시 방향을 바꾸거나 하강, 착륙 등 비행기가 출발하고 도착할 때까지 움직이는 전 과정에 대해 조종사가 생각하는 대로 비행기를 움직일 수 있어야 해요.

2. 비상시 대처하기

비행기가 날다 보면 뜻하지 않은 상황이 발생할 수 있어요. 갑자기 난기류를 만난다든지, 비행기가 기울어질 수도 있어요. 이때 조종사는 조종실의 여러 장치를 작동해 비행기를 정상적인 상태로 되돌릴 수 있어야 해요.

조종실의 구조

비행기 조종은 어떻게 할까요?

비행기의 방향과 기울기를 조절하는 장치를 자세히 살펴볼까요?
비행기의 승강키나 방향키를 움직이는 장치는 조종사의 양발과 양손을 이용해 움직일 수 있답니다.

페달로 비행기 좌우 방향 바꾸기

비행기의 페달은 자동차의 액셀 페달처럼 생겼어요. 자동차의 액셀 페달은 한 개이지만 비행기의 페달은 두 개예요. 기능도 달라요. 자동차의 액셀 페달은 속도를 올리는 데 사용하지만, 비행기의 페달은 방향을 바꿀 때 밟아요. 비행기 조종사는 양발로 페달을 조종해요.

왼쪽 페달을 밟을 때와 오른쪽 페달을 밟을 때 비행기의 방향이 달라집니다.

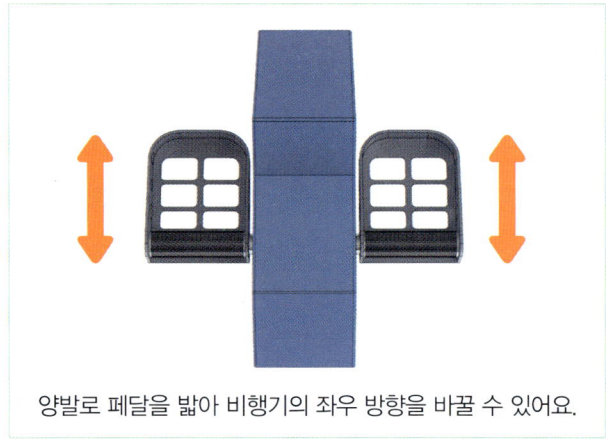

양발로 페달을 밟아 비행기의 좌우 방향을 바꿀 수 있어요.

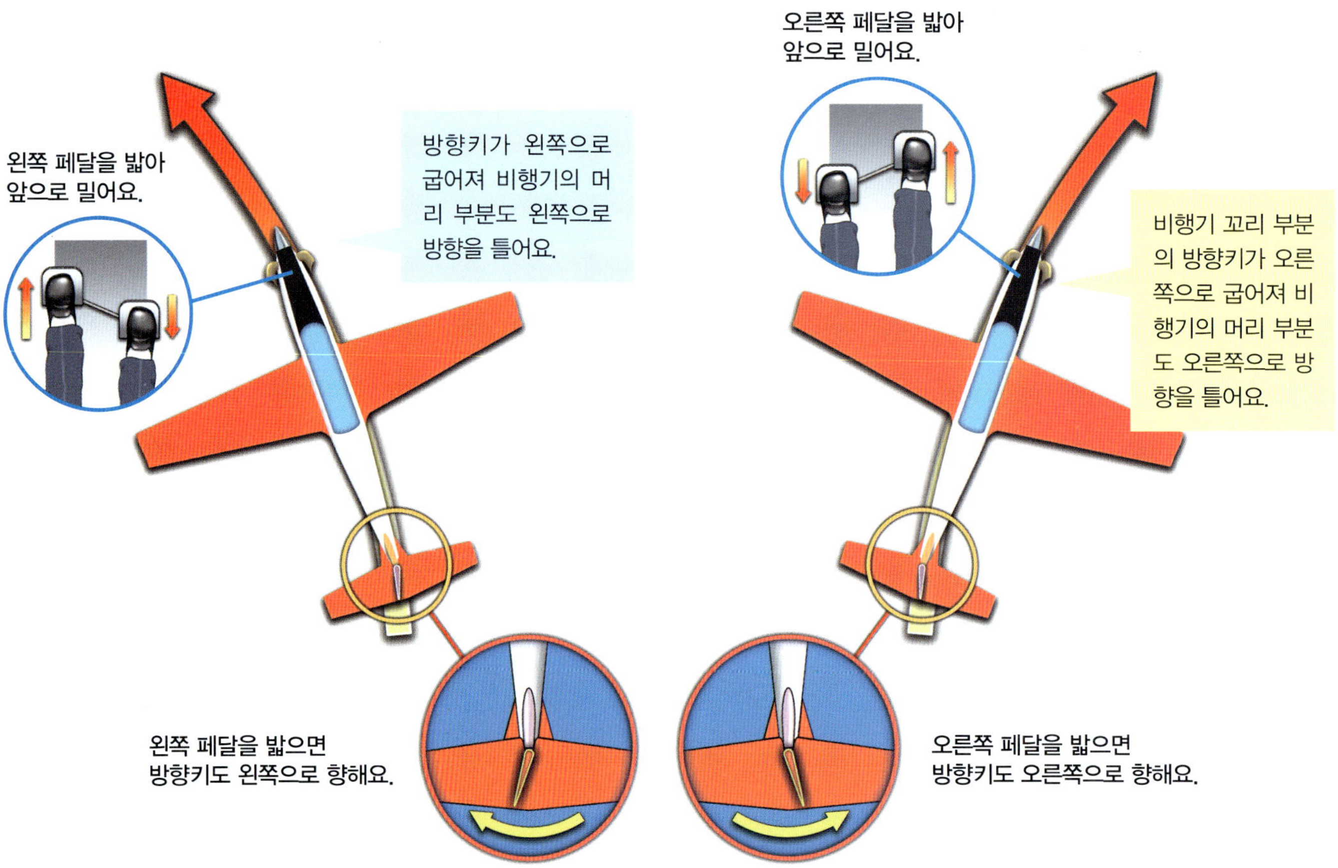

왼쪽 페달을 밟아 앞으로 밀어요.

방향키가 왼쪽으로 굽어져 비행기의 머리 부분도 왼쪽으로 방향을 틀어요.

오른쪽 페달을 밟아 앞으로 밀어요.

비행기 꼬리 부분의 방향키가 오른쪽으로 굽어져 비행기의 머리 부분도 오른쪽으로 방향을 틀어요.

왼쪽 페달을 밟으면 방향키도 왼쪽으로 향해요.

오른쪽 페달을 밟으면 방향키도 오른쪽으로 향해요.

조종간으로 비행기 기울기 조절하기

비행기의 조종간은 자동차의 핸들과 비슷한 역할을 해요. 자동차 핸들은 회전시키면서 조작하지만 비행기의 조종간은 앞으로 밀거나 뒤로 당기는 조작, 왼쪽이나 오른쪽으로 기울이는 조작이 가능해요.

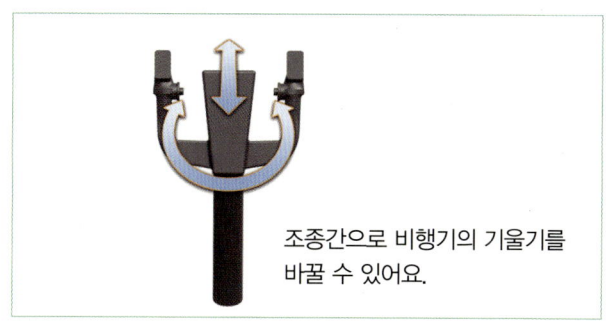

조종간으로 비행기의 기울기를 바꿀 수 있어요.

비행기의 위아래 기울기를 조절하는 법

조종간을 당기면 뒷날개의 승강키가 올라가면서 비행기의 머리 부분이 들려 비행기가 상승해요.

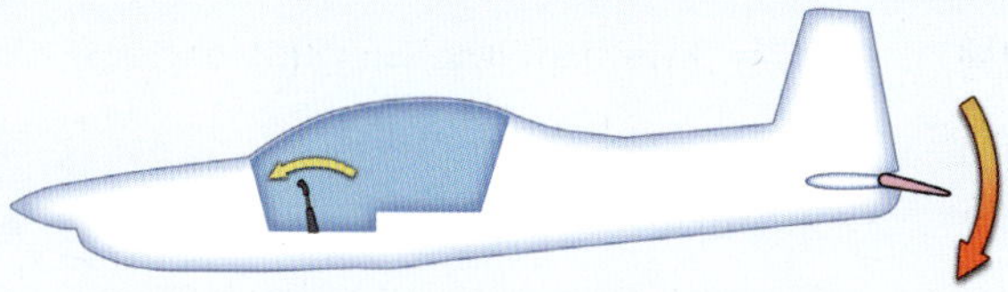

조종간을 앞으로 밀면 뒷날개의 승강키가 내려가면서 비행기의 머리 부분도 내려가 비행기가 하강해요.

비행기의 좌우 기울기를 조절하는 법

양력↑
오른쪽 도움날개가 내려가 위로 향하는 양력이 생겨요.

양력↓
왼쪽 도움날개가 올라가 아래로 향하는 양력이 생겨요.

조종간을 왼쪽으로 기울이면 비행기는 왼쪽으로 기울어요.

양력↑
왼쪽 도움날개가 내려가 위로 향하는 양력이 생겨요.

양력↓
오른쪽 도움날개가 올라가고 아래로 향하는 양력이 생겨요.

조종간을 오른쪽으로 기울이면 비행기는 오른쪽으로 기울어요.

조종실의 구조

비행기는 어떻게 이륙할까요?

무거운 비행기가 처음에는 빠르게 바퀴로 달리다가 갑자기 하늘로 붕 뜨는 순간을 본 적 있을 거예요. 비행기는 어떻게 무거운 무게를 이기고 이륙할 수 있을까요?

이륙할 때의 조종법

✈ 비행기의 이륙 원리

무거운 비행기가 땅에서 하늘로 붕 뜨는 건 단지 양력만으로 가능한 현상이 아니에요. 비행기가 땅 위를 달릴 때는 중력 때문에 뜰 수 없어요. 비행기가 땅에서 뜨기 위해서는 이 중력을 이기는 양력이 있어야 하는데 이런 양력을 얻기 위해서는 빠른 속도가 필요해요.

즉, 비행기가 땅 위를 달릴 때도 비행기 날개 때문에 양력이 생기는데 속도가 빠를수록 양력은 더 커집니다. 비행기의 속도가 아주 빨라지면 양력이 중력보다 커지는 지점이 생깁니다. 이때 비행기는 마치 마술을 부리는 것처럼 붕 뜹니다. 따라서 비행기가 땅에서 뜨기 위해서는 빠른 속력과 이를 받쳐 줄 만큼 적당히 긴 활주로(비행기가 달리는 도로)가 필요해요.

양력 > 중력
➡ 비행기가 뜰 때

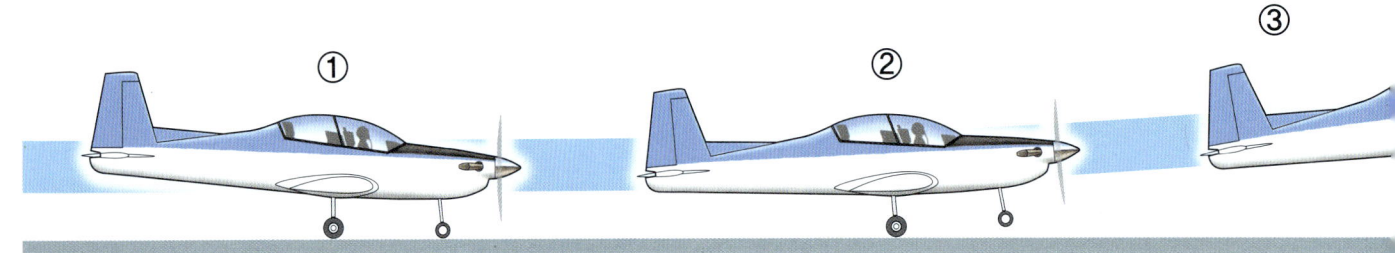

① ② ③

| ① 지면 위를 달리기 | ② 비행기 앞머리 살짝 들어올리기 | ③ 지면과 떨어지기 |

조종사는 활주로 위에서 엔진 시동을 켜 비행기를 달리게 만들어요. 이때 중력을 이길 수 있을 만큼의 양력이 생기도록 빠른 속력으로 달려야 해요.

양력이 중력보다 커져 비행기가 가벼워지면 조종사는 조종간을 앞으로 당겨 비행기 앞머리 부분을 살짝 들어 올리고, 앞바퀴가 땅에서 떨어지게 해요.

그러면 비행기 날개 아랫부분에 닿는 공기의 흐름이 많아지고 양력이 더욱 커져 비행기가 중력을 이기고 땅을 벗어나 하늘로 날아올라요.

✈️ 이륙하는 기술

비행기가 성공적으로 이륙하기 위해서는 조종간과 엔진 스로틀 조작이 중요해요. 조종간을 당겨 비행기 앞머리를 살짝 들어 주면 비행기는 위로 떠올라요. 그런데 땅의 마찰 항력을 이기고 나면 다시 공기의 항력이 생겨요. 이 항력을 받으면 다시 비행기 속도가 줄어들지요.

그러면 양력도 약해져 비행기가 잘 뜨지 않는 현상이 생겨요. 이때 중요한 것이 엔진 스로틀 조작이에요. 이때 엔진 스로틀 출력을 최대한 올리면 비행기는 속도를 더 키우면서 계속 위로 뜰 수 있어요.

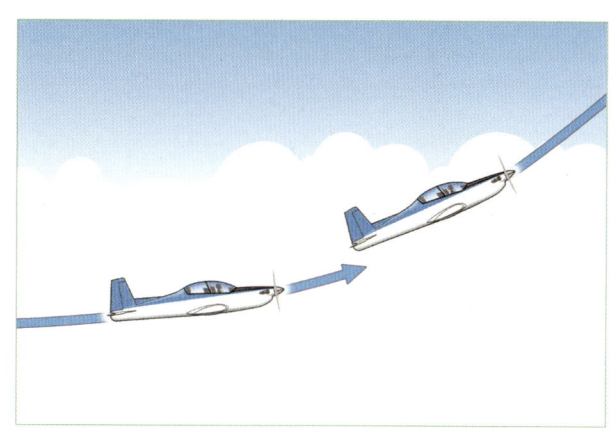

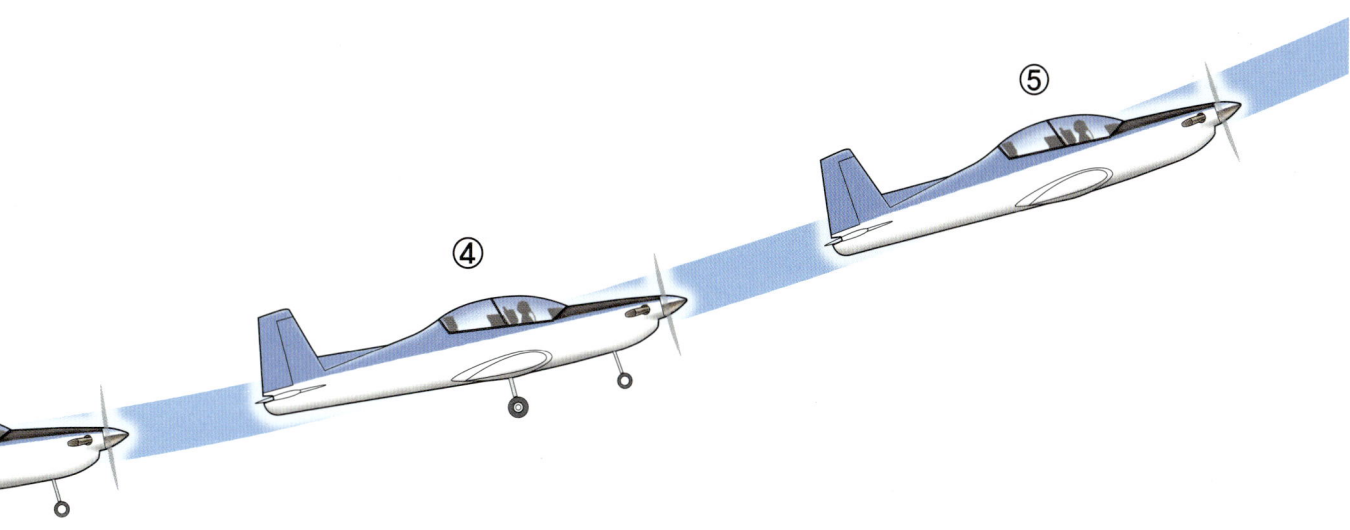

④ 비행 속도를 점점 올리기

비행기가 점점 더 높은 곳으로 뜨려면 양력의 크기를 더욱 키워야 해요. 이를 위해서는 비행기의 속도를 계속 키우는 것이 중요해요. 따라서 조종사는 조종간을 더욱 당겨 엔진 스로틀 출력을 높여야 해요.

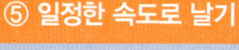

⑤ 일정한 속도로 날기

원하는 높이까지 올라갔다면 이제 조종사는 비행기의 속도가 더 커지지 않게 엔진 스로틀을 작동해 일정한 속도로 날 수 있게 조절해 줘야 해요.

조종실의 구조

비행기는 하늘에서 어떻게 날까요?

비행기가 하늘로 떠오른 다음, 어떻게 목적지를 향해 똑바로 날까요?
속도를 조절해 올바른 방향으로 향하는 수평 비행을 살펴볼까요?

이륙 후 수평 비행으로 바꿀 때의 조종법

원하는 높이까지 올라갔다면 이제 비행기는 앞으로 나아가야 해요. 비행기가 수평 상태로 계속 날아가다 보면 힘이 많이 들지 않아서 양력이 커지고 다시 상승할 수 있어요. 이때 비행기의 자동 조종 장치가 이를 알아차리고 다시 정상으로 되돌려 줘요.

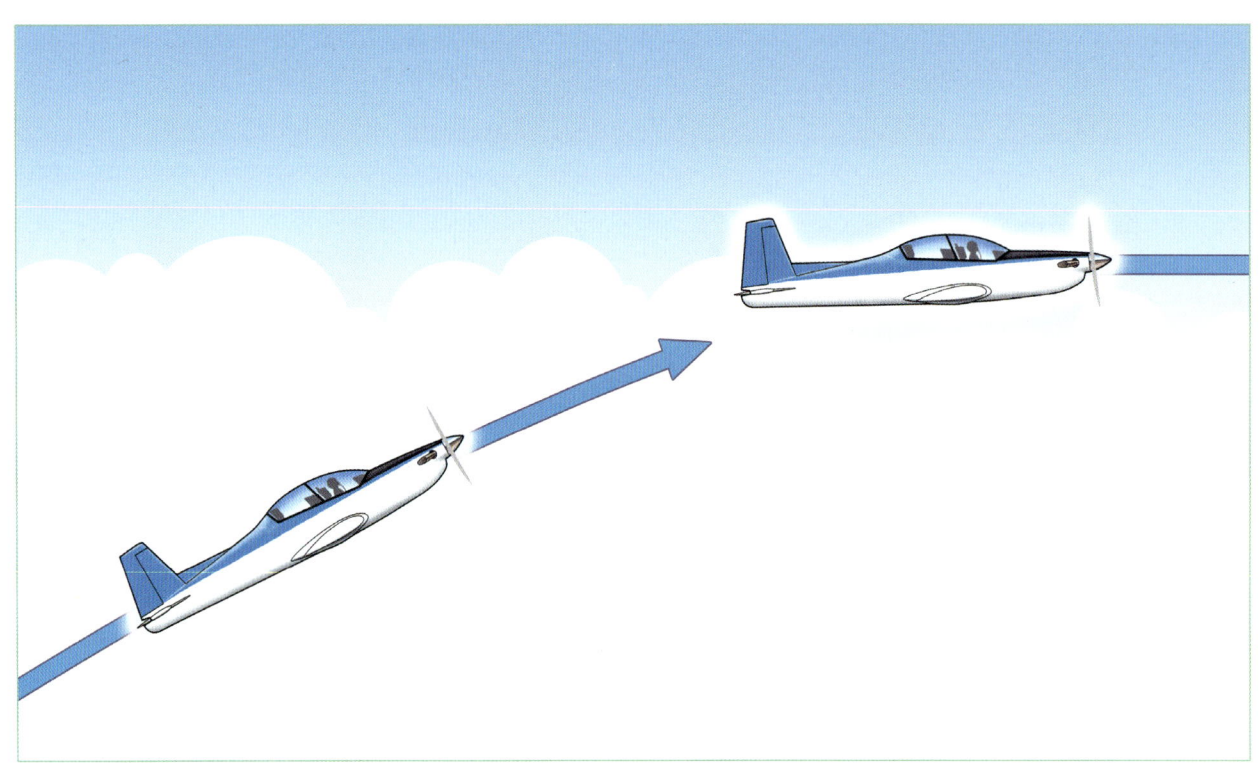

수평 비행할 때 속도 변화

조종간을 밀어 비행기 앞머리를 내리면 항력이 낮아져요. 이 상태에서 엔진 출력을 높이면 비행기가 빠르게 날 수 있어요.

반대로 조송간을 당겨 비행기 앞머리를 올리면 항력이 높아져요. 이 상태에서 엔진 출력을 낮추면 비행기가 느리게 날 수 있어요.

54

✈ 비행할 때 지켜야 할 규칙

자동차가 땅에서 달릴 때 지켜야 할 규칙이 있듯, 비행기도 지켜야 할 비행 규칙이 있어요. 높은 건물이나 낙하산 낙하 구역 등 비행 금지 구역으로 향하거나 너무 낮게 날면 안 된다는 기본적인 규칙이 있습니다.

또 마주 오는 비행기를 피하기 위해서는 각각 오른쪽으로 피해야 한다는 규칙도 있지요. 비행기가 날다가 앞에 비행선이나 열기구가 있다면, 양보해야 한답니다. 하늘에서 안전하게 날려면 이런 규칙을 잘 알아두어야 해요.

비행기 지식!

비행기를 조종할 때는 계기판을 보는 것도 중요하지만, 경로의 날씨를 미리 파악해 놓는 것도 중요해요. 목적지까지 가는 길에 큰 폭풍우가 오지는 않는지, 바람이 반대로 불지는 않는지 등을 살펴야 합니다.

이륙하는 비행기와 순항하는 비행기의 차이

바퀴
비행기가 활주로를 달리기 위해 펼쳤던 바퀴를 접어 넣어요.

플랩
비행기가 뜨기 위해서 펼쳤던 플랩을 다시 접어 원래 비행기 날개 면적을 유지해요.

조종실의 구조

비행기는 어떻게 착륙할까요?

비행기가 하늘에서 땅으로 내려오면 갑자기 흔들리면서 굉음을 내기도 하지요. 과연 조종사는 비행기를 어떻게 착륙시키는 것일까요?

착륙할 때의 조종법

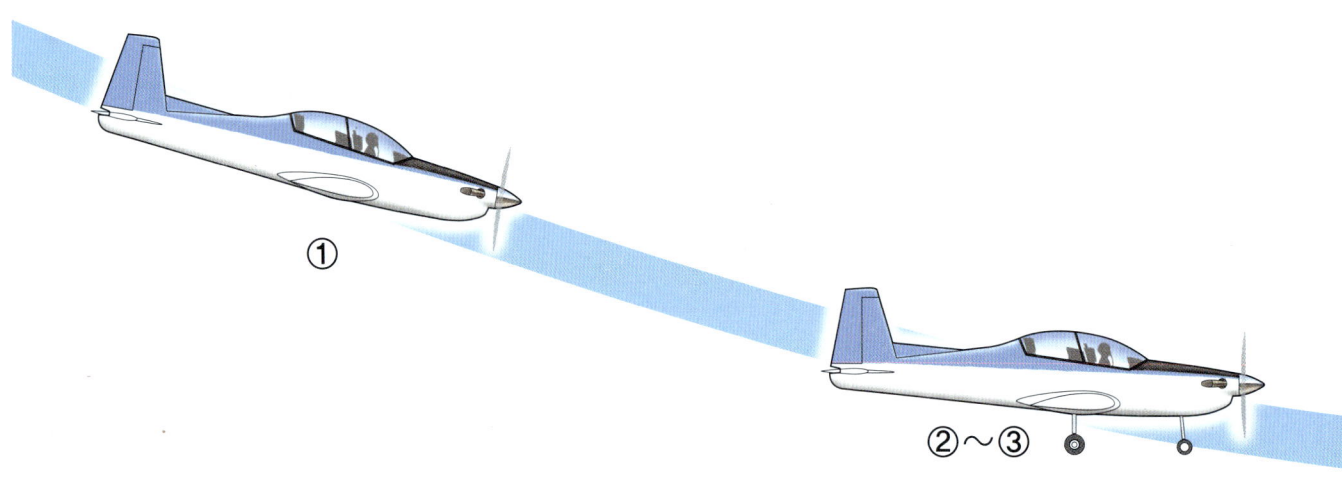

① 비행기 착륙 준비하기

비행기가 착륙할 시점이 다가오면 비행기 고도를 낮추어야 해요.

　조종간을 밀어 비행기 앞머리를 낮추고 엔진 스로틀을 당겨 엔진 출력을 줄이면 비행기는 하강합니다.

② 비행기 착륙 고도 3미터

비행기 고도(높이)가 땅에서 3미터 지점이 되면 속력을 급속히 줄여야 해요. 이를 위해 조종사는 조종간을 당겨 비행기 앞머리를 올려요. 엔진 스로틀을 당겨 엔진 출력을 줄여서 속력을 낮출 수 있어요.

③ 비행기 착륙 고도 0.9미터

비행기가 거의 땅에 닿는 순간 조종간을 더욱 당겨 비행기 앞머리를 최대한 들어 올려서 비행기의 속력을 줄여야 해요.

✈ 착륙하는 기술

원하는 높이에 다다르면 이제 비행기를 수평으로 두고 비행을 준비해야 해요. 이때부터는 목적지까지 거의 수평 상태에서 앞으로 나아가야 하기 때문이에요. 이를 위해 조종사는 조종간을 앞으로 밀어 들려진 비행기의 앞머리를 수평으로 만들어야 해요.

동시에 비행기의 속력이 더는 빨라지지 않도록 하기 위해 엔진 스로틀을 당겨서 엔진 출력도 줄여요. 그러다 착륙할 때가 되면 조종간과 엔진 스로틀을 서서히 당기며 비행기의 앞머리를 들어 올려 속력을 최대한으로 낮춰요.

✈ 비행기의 착륙 원리

비행기가 착륙을 할 때는 이륙할 때와 반대로, 양력을 줄여 중력의 힘을 많이 받아야 해요. 하지만 이륙할 때처럼 속도를 너무 빠르게 해서는 양력의 힘을 줄일 수 없겠지요.

반대로 속도를 천천히 줄여 양력을 서서히 줄여야 합니다. 너무 빠르게 속도를 줄이면 비행기가 땅에 닿을 때 강한 충격을 받아 위험할 수도 있어요. 긴 활주로를 달리면서 속도를 점점 줄여야 합니다.

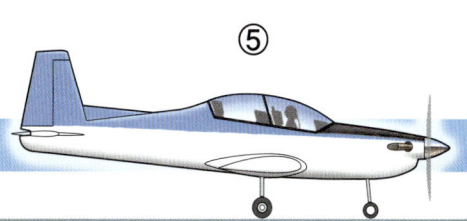

④ 뒷바퀴부터 착륙

육중한 비행기가 땅에 닿을 때 충격은 엄청나요. 시속 250킬로미터로 달리는 상태에서 땅에 닿아야 하기 때문이에요. 최대한 충격을 줄여 주기 위해 조종사는 비행기 앞머리를 든 상태에서 뒷바퀴부터 땅바닥에 닿도록 해요.

⑤ 비행기 속도 점점 줄이기

비행기 앞바퀴까지 땅에 닿으면 들려진 비행기 앞머리도 저절로 내려가요. 하지만 이때도 조종간은 당긴 상태를 유지해야 해요. 조종사는 점점 속도를 줄이다가 브레이크를 작동해 비행기를 멈춥니다.

안전하게 착륙하는 방법

조종실의 구조

빠르게 날던 비행기가 땅으로 착륙하면 충격이 클 수밖에 없어요. 그래서 비행기에는 안전한 착륙을 위한 장치들이 숨어 있답니다.

비행기의 착륙 장치 구조

비행할 때는 동체 안으로 바퀴를 접어 넣어 두어요. 그리고 이륙하거나 착륙할 때 접어 두었던 바퀴를 내보내 달릴 준비를 해요. 비행기에는 이를 위한 장치들이 준비되어 있어요.

착륙할 때 비행기 바퀴가 작동하는 원리

육중한 무게의 비행기가 땅에 닿을 때 충격은 엄청날 거예요. 이때 충격을 줄이는 장치가 없다면 비행기는 큰 손상을 입을 수도 있어요. 비행기에는 충격을 줄이는 장치가 설계되어 있어요.

사람은 높은 곳에서 뛰어내릴 때 자연스럽게 무릎을 굽혀서 충격을 줄여요. 비행기는 다리를 굽힐 수 없으므로 바퀴가 땅에 닿을 때 바퀴 다리 안 공기를 압축하는 방식으로 충격을 줄여 안전하게 착륙할 수 있도록 해요.

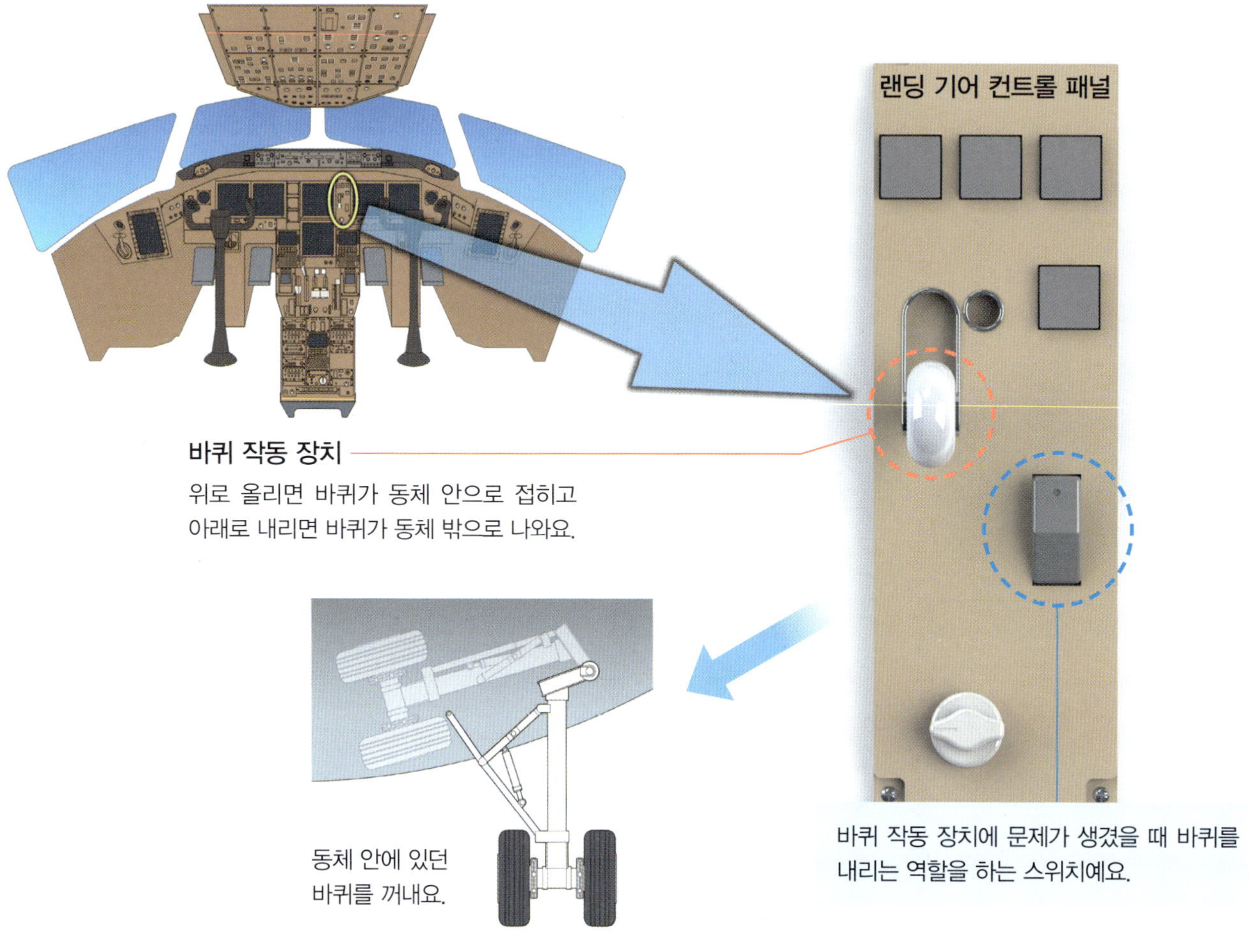

랜딩 기어 컨트롤 패널

바퀴 작동 장치
위로 올리면 바퀴가 동체 안으로 접히고 아래로 내리면 바퀴가 동체 밖으로 나와요.

동체 안에 있던 바퀴를 꺼내요.

바퀴 작동 장치에 문제가 생겼을 때 바퀴를 내리는 역할을 하는 스위치예요.

착륙할 때 충격을 줄이는 장치

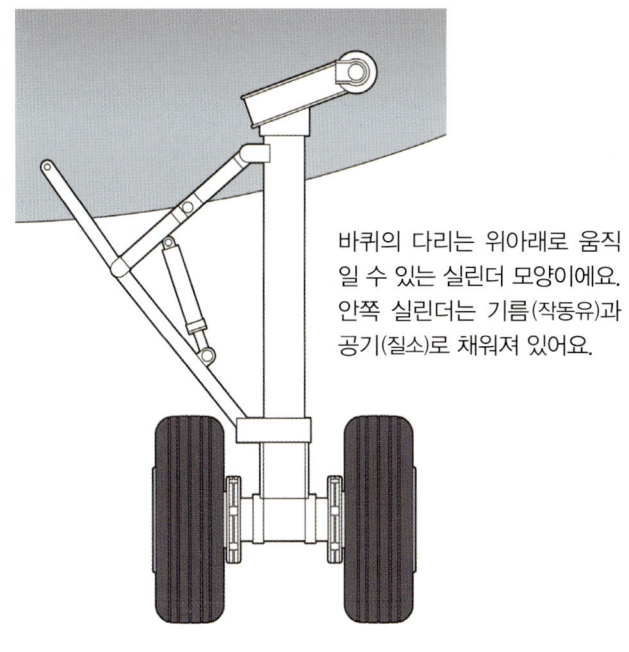

바퀴의 다리는 위아래로 움직일 수 있는 실린더 모양이에요. 안쪽 실린더는 기름(작동유)과 공기(질소)로 채워져 있어요.

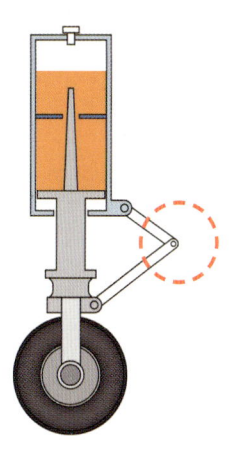

비행기 바퀴가 '쿵' 하고 땅에 닿을 때 마치 사람이 뛰어내릴 때 다리를 굽히는 것처럼 이 부분이 접히면서 충격을 줄이는 역할을 해요.

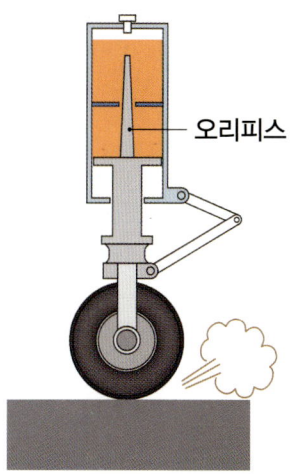

오리피스

'쿵' 하고 충격이 가해지면 기름이 '오리피스'라 부르는 좁은 통로를 빠져나가면서 질소를 압축해 충격을 줄여요.

비행기 핸들과 브레이크 페달

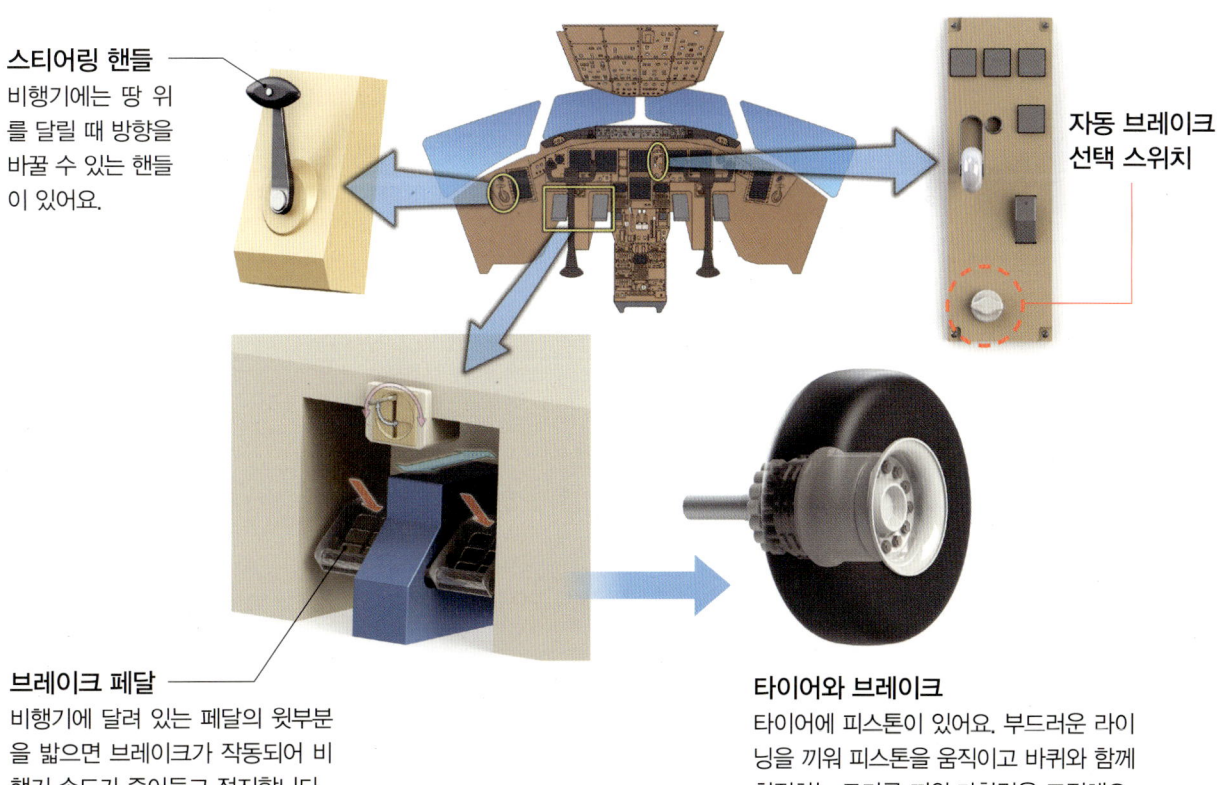

스티어링 핸들
비행기에는 땅 위를 달릴 때 방향을 바꿀 수 있는 핸들이 있어요.

자동 브레이크 선택 스위치

브레이크 페달
비행기에 달려 있는 페달의 윗부분을 밟으면 브레이크가 작동되어 비행기 속도가 줄어들고 정지합니다.

타이어와 브레이크
타이어에 피스톤이 있어요. 부드러운 라이닝을 끼워 피스톤을 움직이고 바퀴와 함께 회전하는 로터를 끼워 마찰력을 조절해요.

비행 상태는 어떻게 알까요?

조종실의 구조

비행기는 하늘에 떠 있기 때문에 자세나 위치, 방향 등의 상태를 알기 힘들어요. 이를 쉽게 알아보기 위해 조종실에 계기판들이 있어요. 비행기의 계기판은 어떻게 볼 수 있을까요?

비행기 조종 장치 세 가지

비행기 조종실을 보면 매우 복잡한 구조로 돼 있는 것을 알 수 있어요. 각각의 기능에 따라 크게 세 가지로 나누면 알기 쉬워져요. 우선 조종사의 가장 가까운 중앙에 있는 계기판 장치들을 메인 패널이라 불러요. 메인 패널 바로 위에 있는 계기판 장치들은 글레어실드 패널이라 부릅니다. 그리고 비행기 창문 위에 설치된 계기판 장치들을 오버헤드 패널이라 불러요.

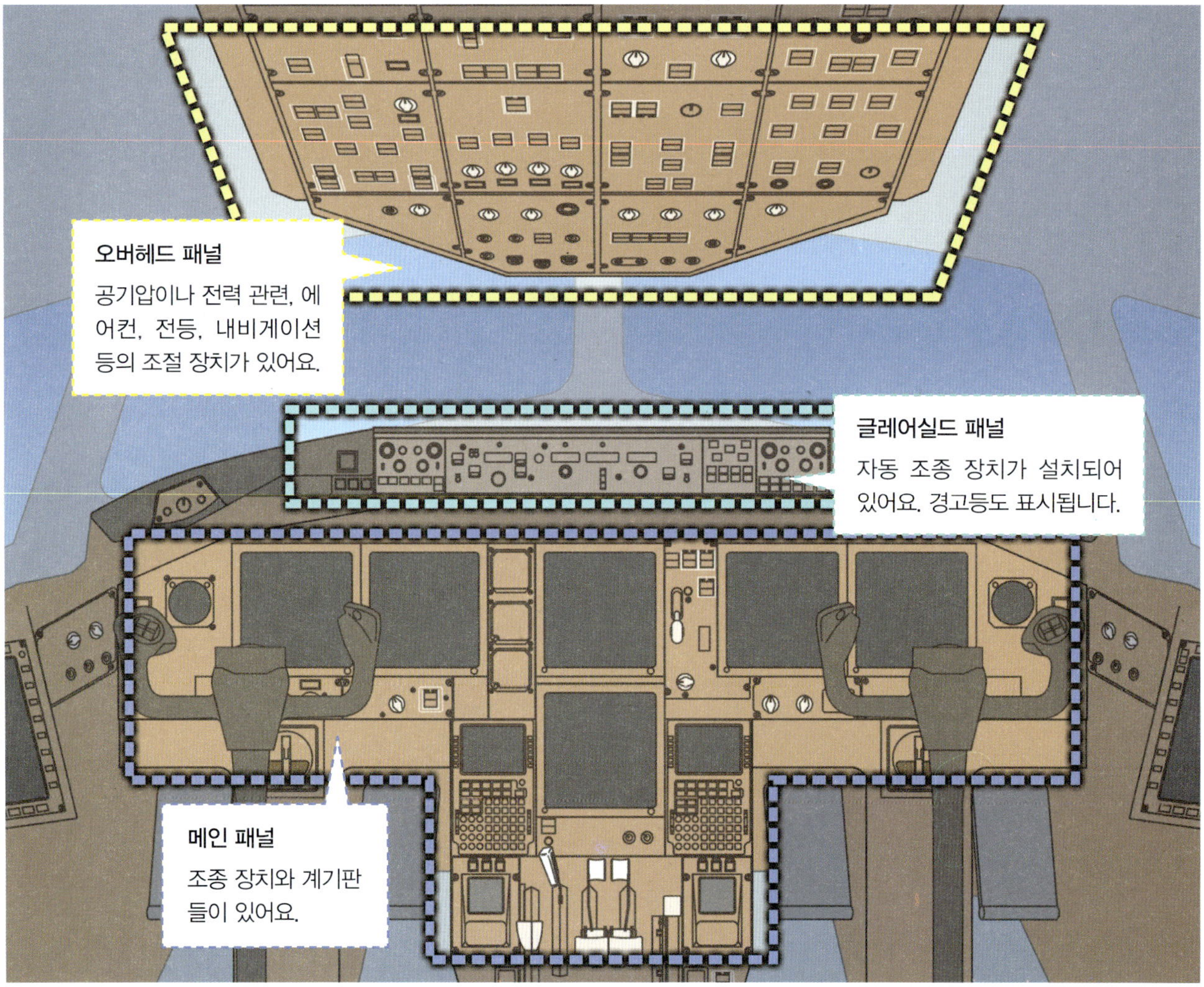

오버헤드 패널
공기압이나 전력 관련, 에어컨, 전등, 내비게이션 등의 조절 장치가 있어요.

글레어실드 패널
자동 조종 장치가 설치되어 있어요. 경고등도 표시됩니다.

메인 패널
조종 장치와 계기판들이 있어요.

비행기의 계기판들

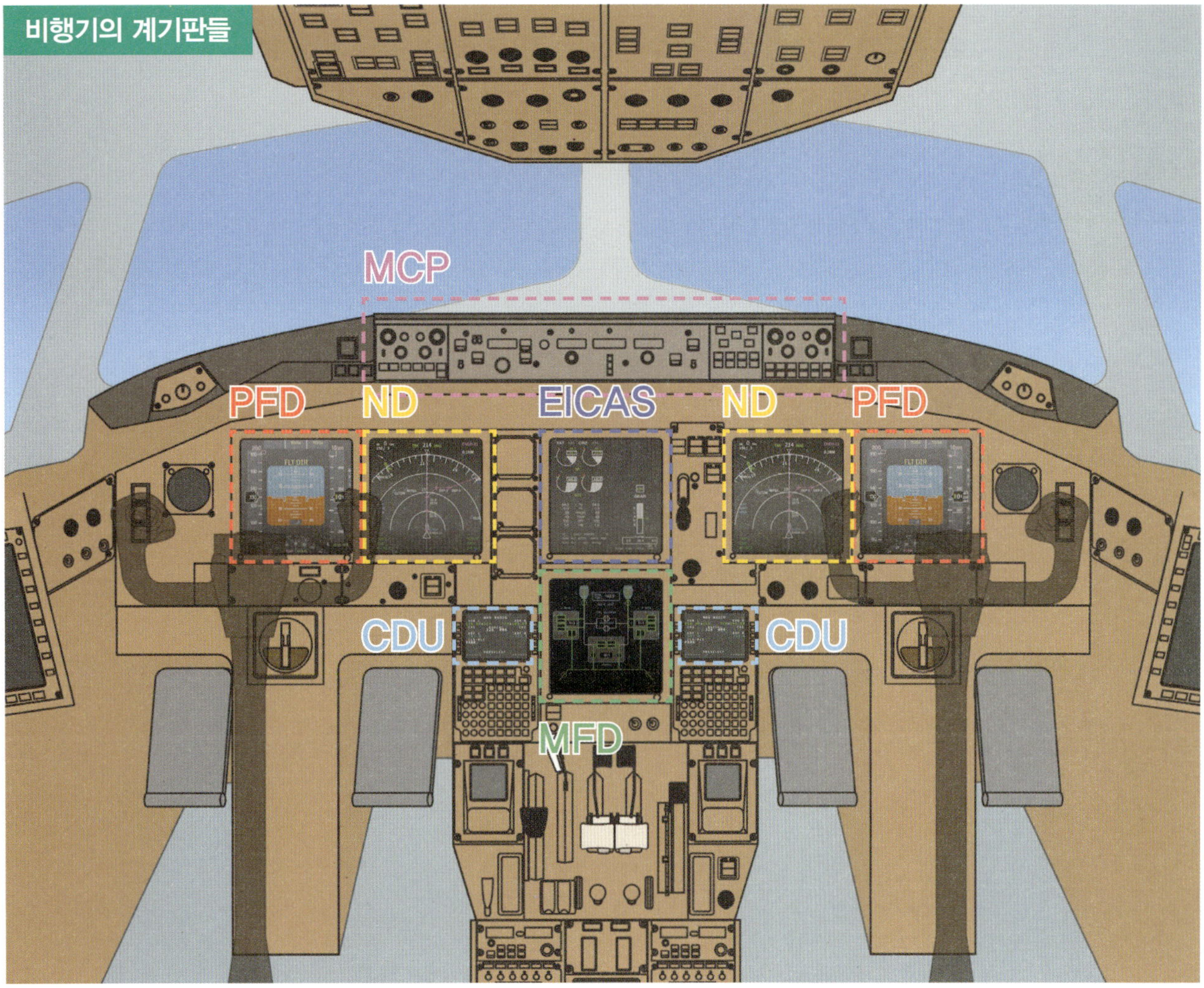

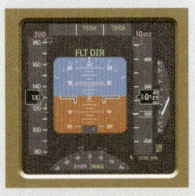

PFD

주계기판이라 부르며 비행에 가장 중요한 정보인 속도, 자세, 고도, 방위 등을 표시해요.

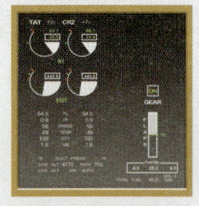

EICAS

전자 비행 계기 시스템이라 부르며 텔레비전 채널 바꾸듯 화면을 바꿀 수 있어요. 엔진이나 랜딩기어 등의 작동 상황을 표시해요.

ND

비행기가 가는 길을 나타내는 방법을 '항법'이라 해요. ND는 비행기가 가는 길에 대한 정보를 표시해요. 그래서 '항법 디스플레이'라 불러요.

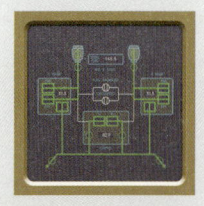

MFD

그 밖의 비행기에 일어나는 모든 상황을 표시해요.

조종실의 구조

주계기판은 어떻게 읽을까요?

주계기판에는 비행기가 얼마나 기울었는지를 나타내는 경사각과 비행 속도, 고도 등이 표시되어 있어요. 주계기판을 보며 비행기의 현재 상태를 확인해 볼까요?

주계기판(PFD)의 정보를 읽는 방법

경사각(뱅크각)
경사각이 0도이기 때문에 비행기가 수평을 이루고 있다는 걸 알 수 있어요.

각도마다 비행기의 수평 상태는 다음과 같아요.

0도　　20도　　40도

속도(킬로노트)
이 비행기가 130킬로노트(약 시속 241킬로미터)의 속력으로 날고 있다는 걸 알 수 있어요.

상승/하강각(피치)
상하각이 −1도이기 때문에 비행기 머리가 현재 약간 아래를 향하고 있다는 걸 알 수 있어요.

상하각 12도일 때 비행기의 기울기는 아래와 같아요.

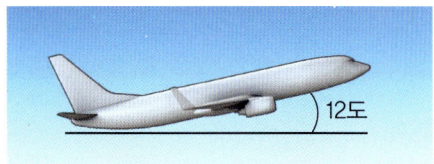

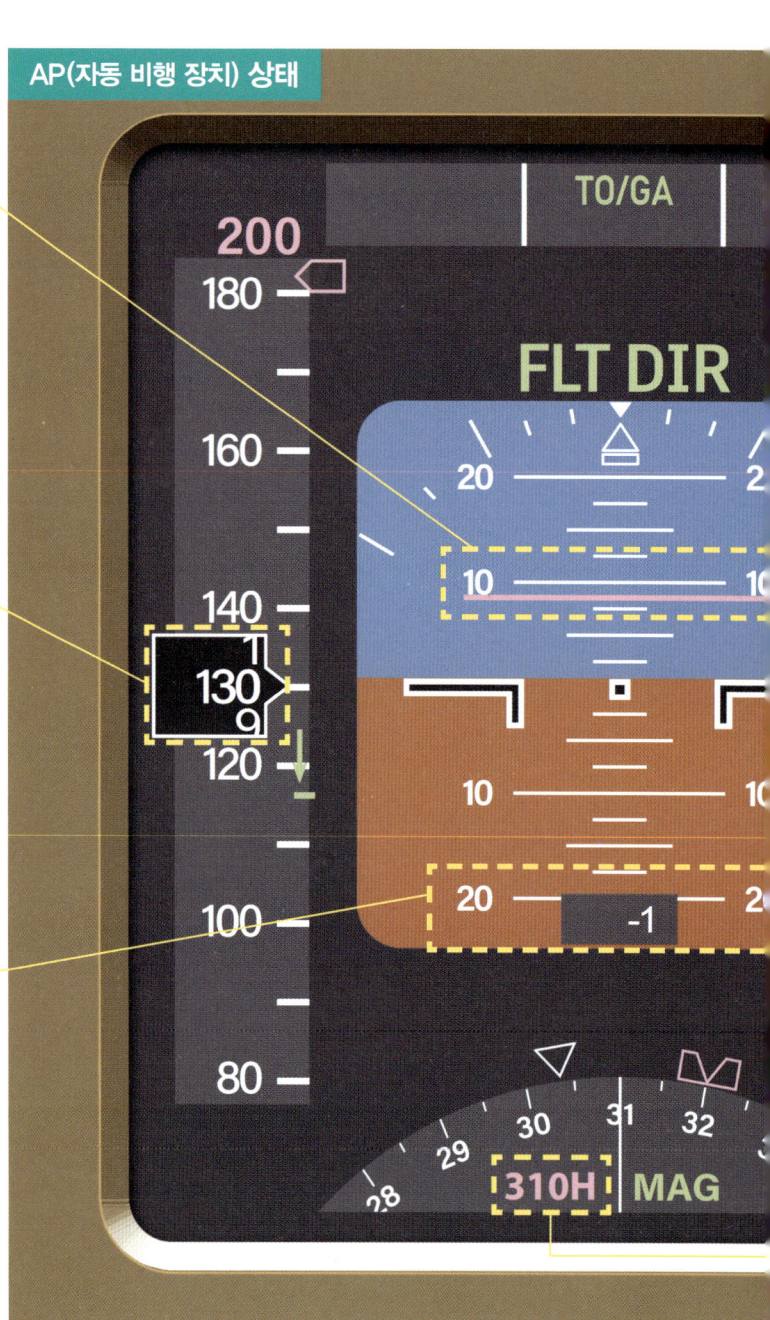

수직 속도계
분당 200피트(약 60미터)씩 하강하고 있다는 걸 알 수 있어요.

고도
이 비행기가 해수면을 기준으로 약 120피트(약 37미터) 높이에서 날고 있다는 걸 알 수 있어요.

비행기 지식!
피트는 길이, 노트는 속도를 표현하는 단위예요. 1피트는 약 31센티미터 정도고, 1노트는 약 시속 2킬로미터지요. 선박이나 항공기, 헬리콥터에 많이 사용하는 단위랍니다. 속도와 높이를 잘 계산해야 목적지까지 정확한 시간에 안전하게 도착할 수 있어요.

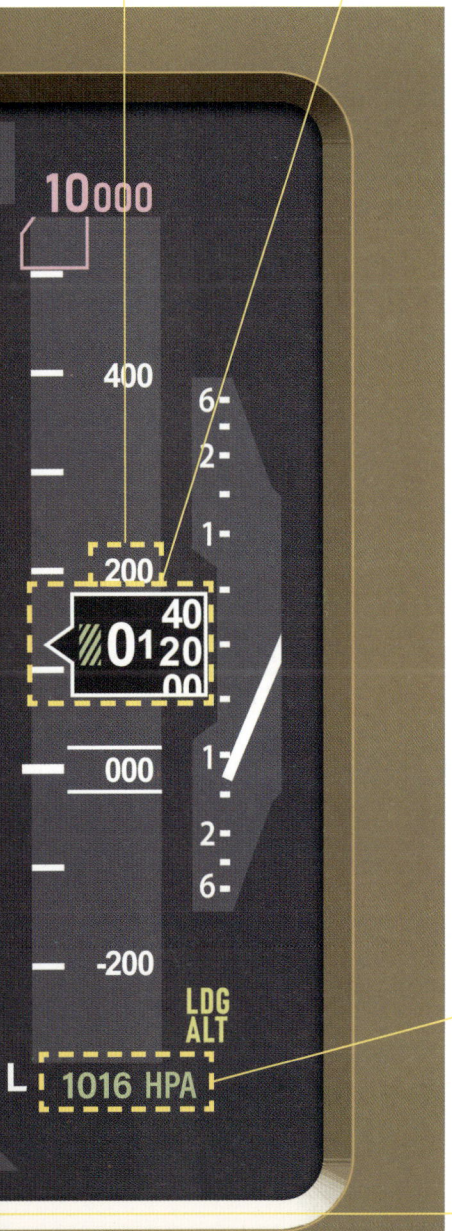

✈ ND(항법 디스플레이) 읽는 방법

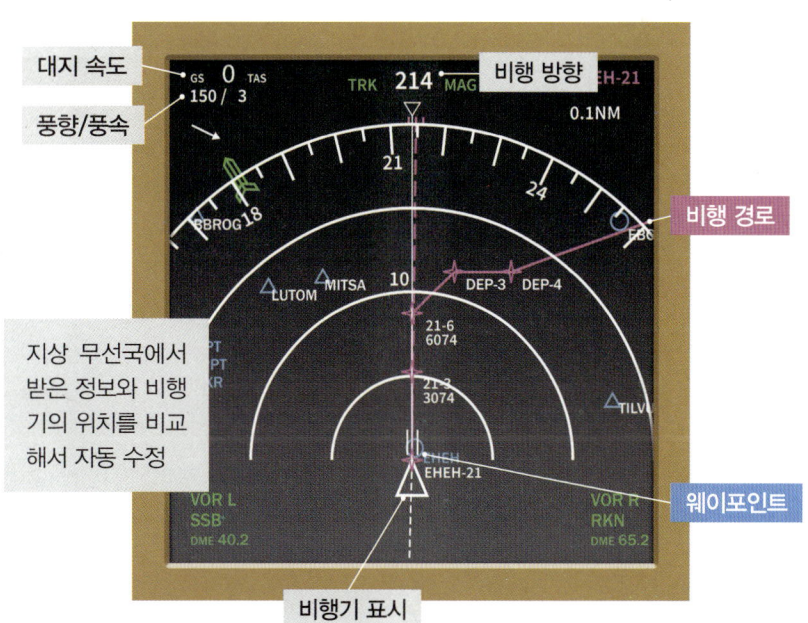

- 대지 속도
- 풍향/풍속
- 비행 방향
- 비행 경로
- 지상 무선국에서 받은 정보와 비행기의 위치를 비교해서 자동 수정
- 웨이포인트
- 비행기 표시

기압 고도계
기압이 1,016헥토파스칼(약 1기압)임을 알 수 있어요.

방위
비행기가 북쪽을 기준으로 약 310도 방향으로 날고 있어요.

63

잠깐! 비행기 퀴즈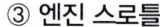

1 비행기의 좌우 기울기를 조절하는 장치는 무엇일까요?

① 조종간　　　　② 페달　　　　③ 엔진 스로틀

  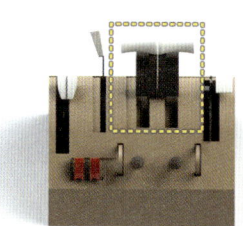

2 비행기 움직이는 법을 맞혀 볼까요? 빈칸을 채워 보세요.

비행기가 위로 올라가려면
조종간을 ①　　　　　

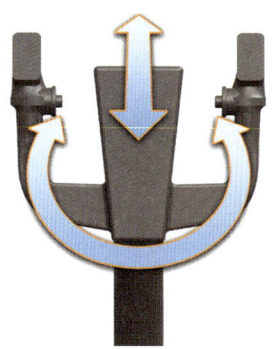 

비행기를 왼쪽으로 기울이려면
조종간을 ②　　　　　

비행기를 오른쪽으로 향하게 하려면
③　　　　　 페달을 밟아요.

64

3 비행기가 가는 길을 알려면 어떤 것을 봐야 할까요?

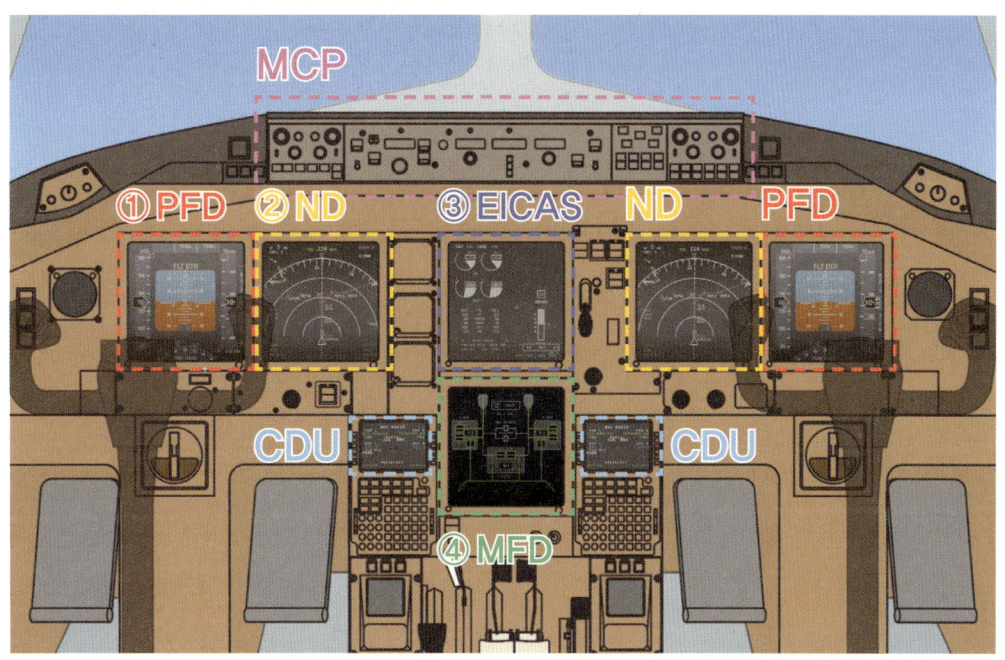

4 비행기는 지금 얼마나 빠르게 날고 있을까요? 빈칸을 채워 보세요.

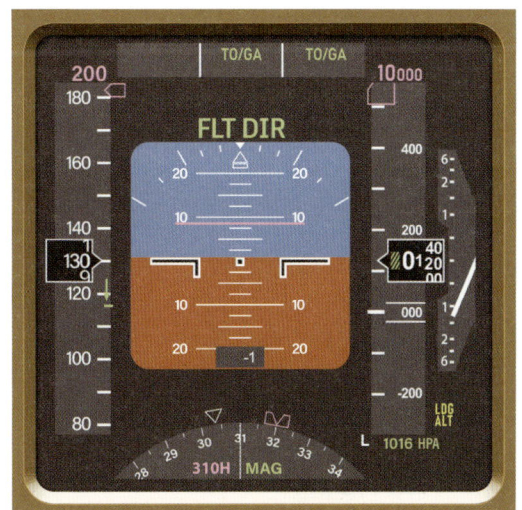

[　　　] 킬로노트

정답 1. ① 단거리, ② 일본으로 돌아감, ③ 도쿄공항 2. ③ 4. 130

유명한 비행기 조종사는 누가 있을까요?

세계 최초 단독 비행으로 세계 일주를 한 조종사 '와일리 포스트'

와일리 포스트는 어려서부터 기계에 관심이 많았어요. 그러다 비행기 정비를 하며 비행기를 처음 접했답니다. 어느 날 비행기 조립을 하다 튀어 오른 쇳조각에 한쪽 눈을 잃었어요.

그래서 비행기 정비 일을 관두고 비행기를 사서 비행기 조종을 시작하게 됩니다. 곡예 비행을 주로 하다가 개인 조종사로 일을 시작하면서 다양한 비행 대회에 참가해 수많은 기록을 세웠어요. 1933년에는 세계 최초로 단독 비행을 해서 세계 일주를 7일 19시간 만에 성공했습니다.

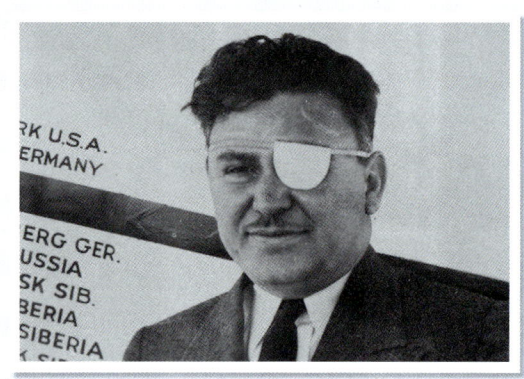

와일리 포스트

세계 최초로 음속을 돌파한 비행기 조종사 '척 예거'

척 예거는 제2차 세계 대전이 한창이던 1942년부터 미 공군 조종사로서 비행기 조종을 시작했습니다. 뛰어난 비행 기술을 자랑하면서 미 공군의 에이스가 되었어요.

제2차 세계 대전이 끝나고 조종 능력을 인정받아 시험 조종사가 되어 다양한 항공기를 조종했어요. 그리고 1947년에 미국의 캘리포니아 사막 위에서 세계 최초로 초음속 비행기 '벨 X-1'을 타고 음속을 넘는 속도인 마하 1.05로 날았습니다.

척 예거

4

비행기에 어떤 장치가 있을까요?

비행기 안에서도 불을 켜고, 안내 방송을 하면서 전기를 사용해야 해요. 비행기의 전기를 만들어 내는 발전기는 어디에 있을까요? 관제소와 연락하고, 인터넷과 연결하기 위한 안테나는 몇 개나 있을까요? 비행기의 다양한 장치를 알아보세요!

비행기의 장치

비행기의 전기는 어떻게 만들까요?

여객기 속에는 각종 장비로 가득해요. 오랜 비행을 하려면 많은 전기가 필요하지요. 과연 비행기는 이 많은 전기를 어떻게 만들까요?

전기를 만들어 내는 발전기의 배치

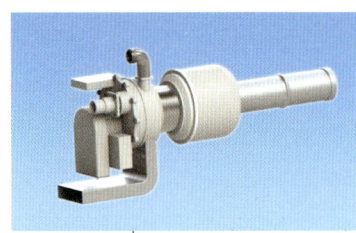

보조 발전기
비행기 꼬리 부분에 있으며 주 발전기가 고장 났을 때 사용해요.

보조 발전기의 모습
비행기 꼬리 부분에 보조 엔진이 있어요. 이 보조 엔진 안에 보조 발전기가 들어가 있어서 주 발전기가 고장 났을 경우 사용해요.
  뿐만 아니라 비행기가 지상에 있을 때는 보조 발전기의 전기를 주로 사용해요.

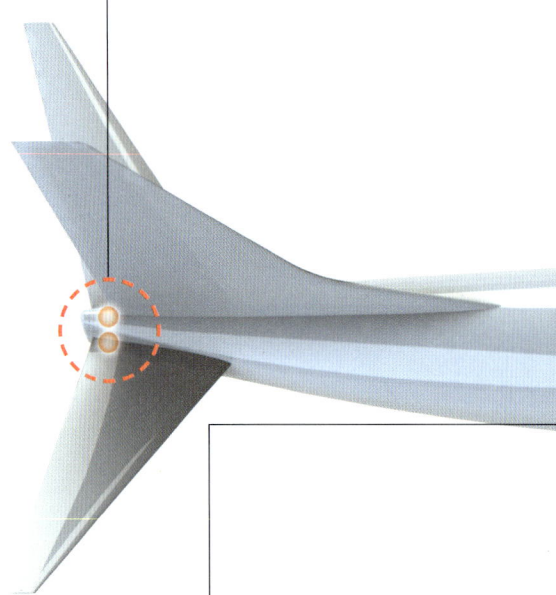

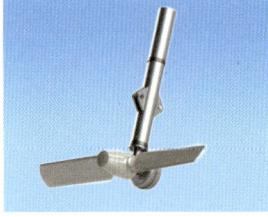

풍력 발전기
비행기 동체 아래 바퀴 근처에 장착했어요.

풍력 발전기의 모습
주 발전기와 보조 발전기까지 고장 났을 때 사용해요. 전기량이 많지 않기에 가장 중요한 전기 공급에만 사용해요.

비행기에서 전기를 만드는 법

비행기에서 사용하는 전기는 비행기 속 발전기에서 만들어져요. 발전기는 엔진에 장착되어 있는데 엔진이 돌아가는 힘을 이용하여 전기를 만들기 때문이에요.

따라서 비행기의 발전기는 비행기에 달린 엔진의 개수만큼 있어요. 비행기 엔진이 양쪽 날개에 두 개씩 있듯 발전기도 양쪽 날개에 두 개씩 있어요.

비행기에서는 만약의 상황을 대비하여 보조 발전기도 두고 있어요. 뿐만 아니라 팬을 돌려 전기를 얻는 풍력 발전기도 있지요.

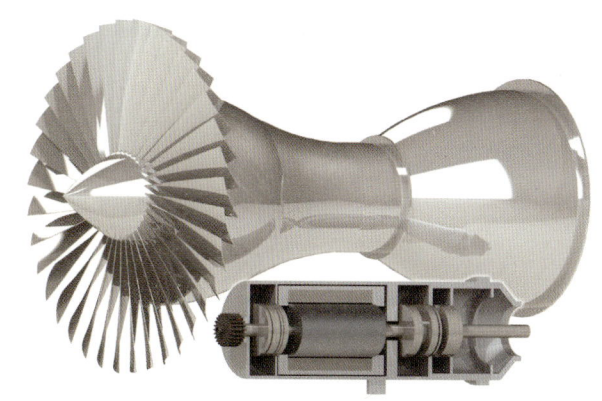

교류 발전기의 모습

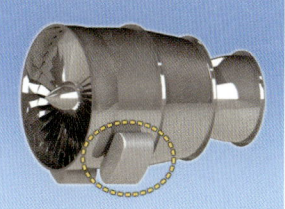

교류 발전기
왼쪽과 오른쪽 날개 엔진 부분에 각각 두 개 장착했어요.

엔진 속 교류 발전기의 모습
교류 발전기 하나로 스무 가구에서 쓸 수 있는 전기를 만들 수 있어요.

비행기의 장치

비행기가 연락을 주고받는 방법

비행기는 다른 비행기와 어떻게 연락을 주고받을까요?
아주 먼 하늘에서 땅에 있는 관제소와 어떻게 연락을 주고받을 수 있을까요?

비행기의 통신을 가능하게 해주는 안테나들

비행기에는 다양한 안테나가 달려 있어요. 동체와 날개 곳곳에 안테나들이 숨어 있답니다. 각각의 기능도 달라서 단거리부터 위성, 지상, 먼 거리까지 모두 문제없이 통신할 수 있습니다.

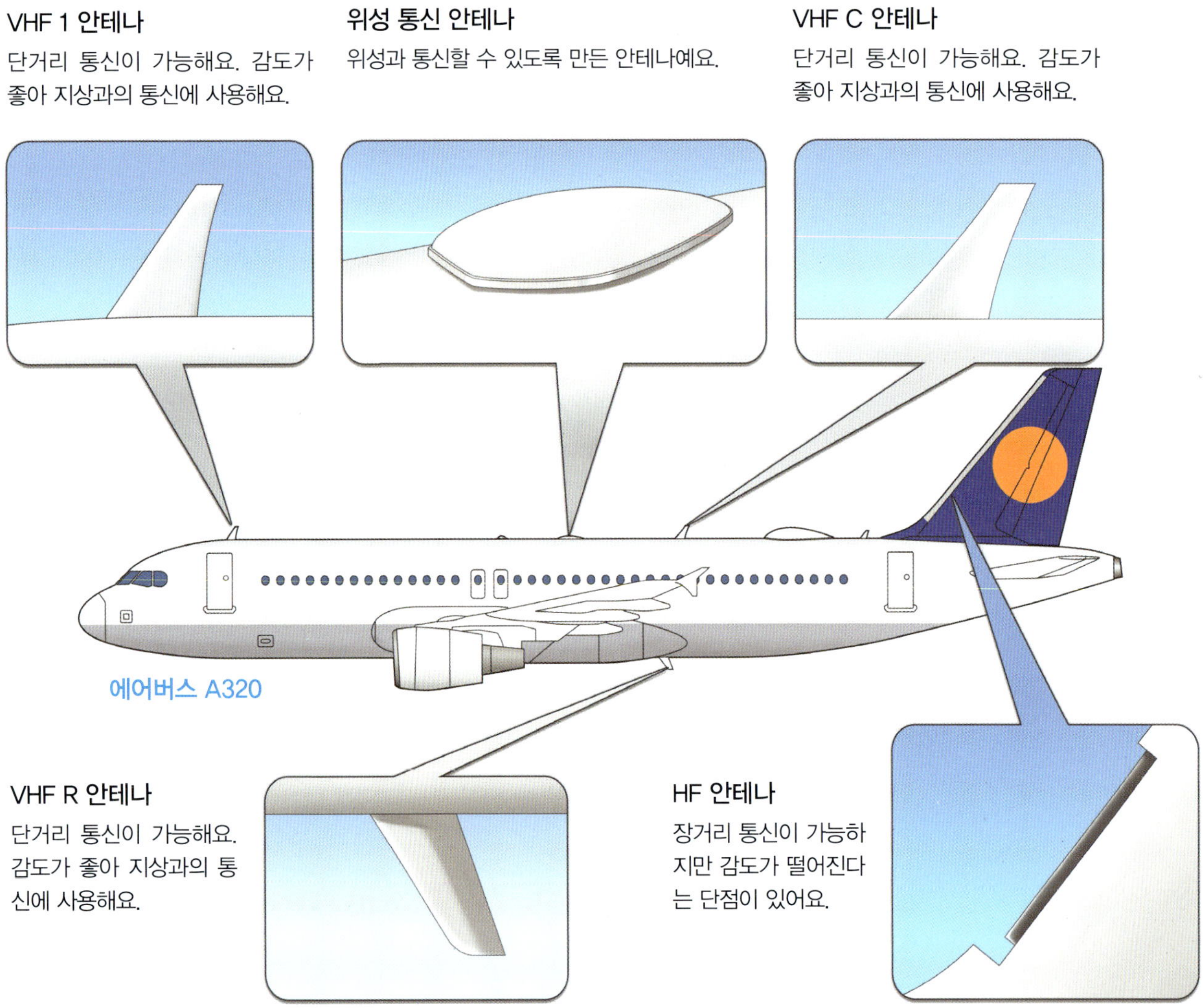

VHF 1 안테나
단거리 통신이 가능해요. 감도가 좋아 지상과의 통신에 사용해요.

위성 통신 안테나
위성과 통신할 수 있도록 만든 안테나예요.

VHF C 안테나
단거리 통신이 가능해요. 감도가 좋아 지상과의 통신에 사용해요.

에어버스 A320

VHF R 안테나
단거리 통신이 가능해요. 감도가 좋아 지상과의 통신에 사용해요.

HF 안테나
장거리 통신이 가능하지만 감도가 떨어진다는 단점이 있어요.

비행기의 통신 시스템

비행기는 자동차처럼 잘 닦인 도로 위를 달리는 것이 아니라 하늘을 나는 것이기 때문에 항공 교통 관제소와 연락을 주고받는 일이 중요해요.

이를 위해 비행기에는 여러 종류의 안테나들이 설치되어 있어요. VHF 안테나는 단거리 통신에 유리하고 HF 안테나는 장거리 통신에 유리해요. 비행기에서 통신의 가장 중요한 목적은 관제소와 서로 연락을 주고받는 일이에요.

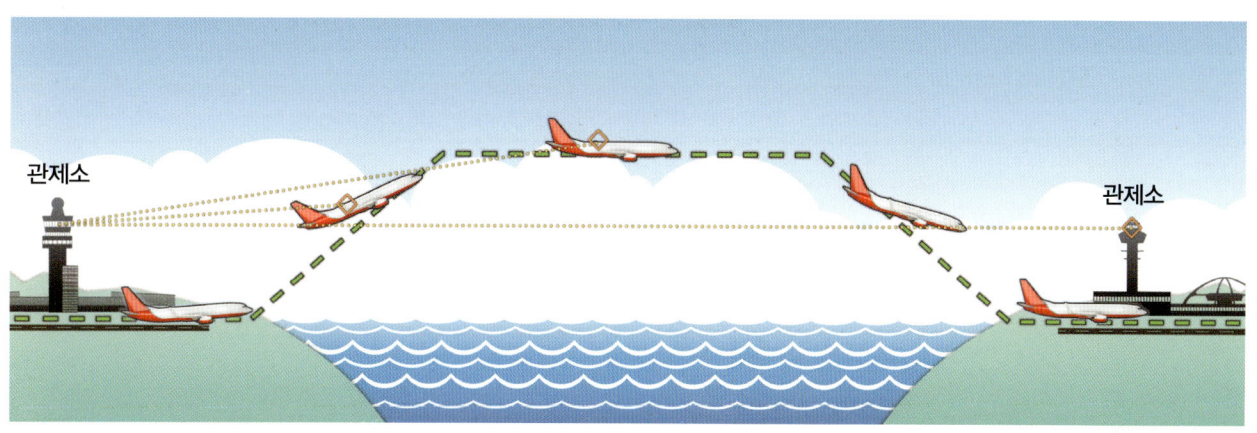

✈ 관제소

하늘을 나는 비행기의 교통을 통제하고 관리해 주는 곳이에요. 조종사는 관제소와 통신하면서 항공 교통 관제 서비스를 받으며 안전하게 목적지까지 날아가요. 관제소에서는 레이더로 비행기들의 위치를 파악하고 교통을 정리해요.

✈ 비행기에서 인터넷이 가능한 이유

요즘에는 높은 상공의 비행기에서도 인터넷이 가능해요. 비행기에 설치된 위성 안테나가 인터넷을 제공하는 데이터 센터와 통신하는 인공위성과 통신할 수 있기 때문이에요.

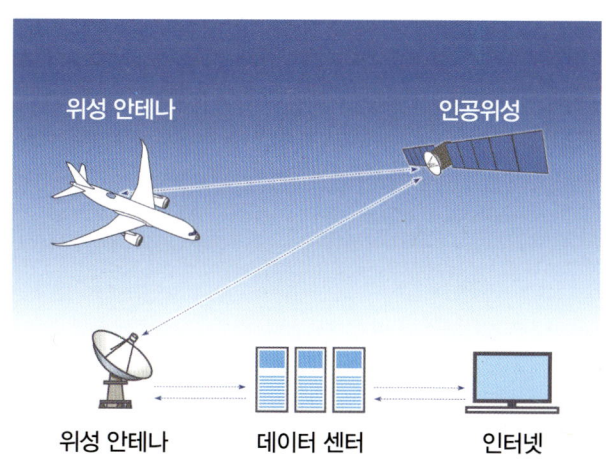

비행기의 장치

비행기의 공기를 조절하는 장치

높은 산에 올라가면 숨이 찬 이유는 무엇일까요?
높이 올라갈수록 기압이 낮아지기 때문이에요. 비행기가 나는 하늘의 기압은 더욱 낮아요. 이때 비행기 내부의 압력은 어떻게 될까요?

비행기 안과 밖의 기압 차이

비행기가 높은 곳으로 올라갈수록 기압이 점점 낮아져요. 지상에서는 1기압인데 상공 1만 미터로 올라가면 0.26기압으로 뚝 떨어져요. 만약 이 기압이 비행기 안으로 들어온다면 비행기의 기압도 0.26기압이 되어 비행기에 탄 사람이 숨을 쉴 수 없을 정도가 돼요. 이 때문에 비행기 내부에는 기압을 조절하는 장치가 있어요.

상공 1만 미터에서의 기압 차이

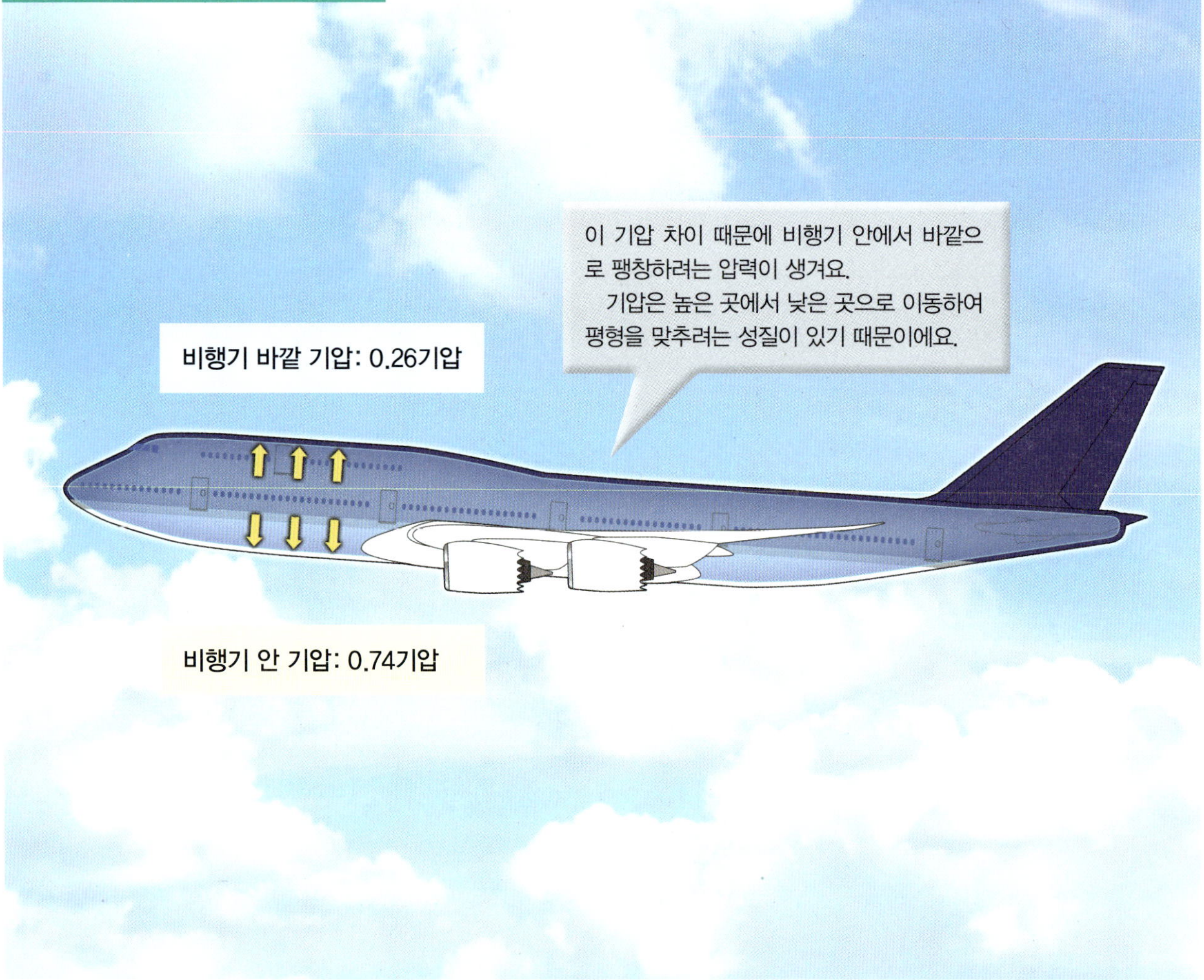

비행기 바깥 기압: 0.26기압

이 기압 차이 때문에 비행기 안에서 바깥으로 팽창하려는 압력이 생겨요.
기압은 높은 곳에서 낮은 곳으로 이동하여 평형을 맞추려는 성질이 있기 때문이에요.

비행기 안 기압: 0.74기압

기내 기압과 온도를 조절하는 공기 사이클 머신

공기 사이클 머신의 작동 원리를 순서대로 알아볼까요? 여러 장치가 비행기 안에 있는 사람들을 편하게 숨 쉴 수 있도록 돕는답니다.

❶ 엔진의 공기(고온, 고압)에 외부의 찬 공기를 혼합하고 공기 사이클 머신 안으로 집어넣어요.

❷ 공기 사이클 머신 안에서 공기가 다시 냉각되고 압축기에서 압축 과정을 거쳐요.

❸ 압축된 공기를 터빈에서 급격히 팽창시키면 찬 공기가 만들어져요.

❹ 이 찬 공기와 압축되어 뜨거워진 공기를 적당한 온도로 혼합한 후 기내로 보내서 온도와 기압을 조절해요.

외기 흡입구
열 교환기
혼합 장치
엔진에서
1
2
3
4
객실로 향하는 공기
터빈
압축기
제습 장치

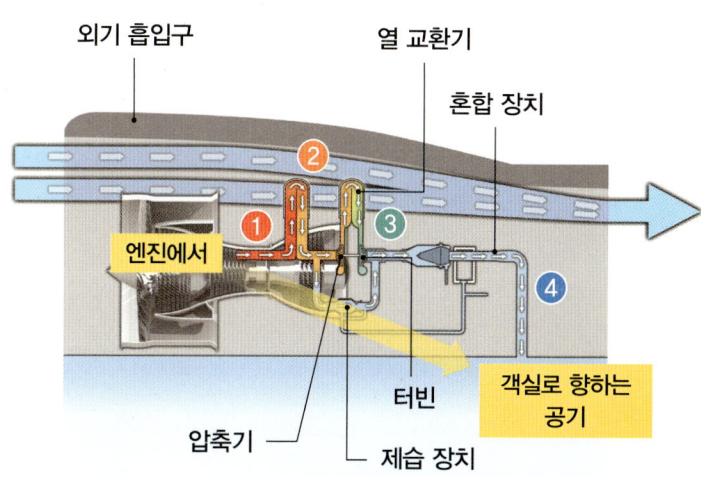

비행기를 탈 때 귀가 멍한 이유

비행기를 타면 귀가 멍해져 힘들어 하는 사람들이 있어요. 이것은 비행기 안과 밖의 기압 차이 때문에 나타나는 현상이에요. 보통 땅에서 기압은 1기압이지만 하늘 높이 올라갈수록 기압이 낮아져요. 하지만 1기압에 맞게 살아 온 사람들은 기압이 낮아지면 숨쉬기가 힘들어져요. 이 기압 차이 때문에 문제가 생겨 귀가 아픈 증상이 생기는 거예요.

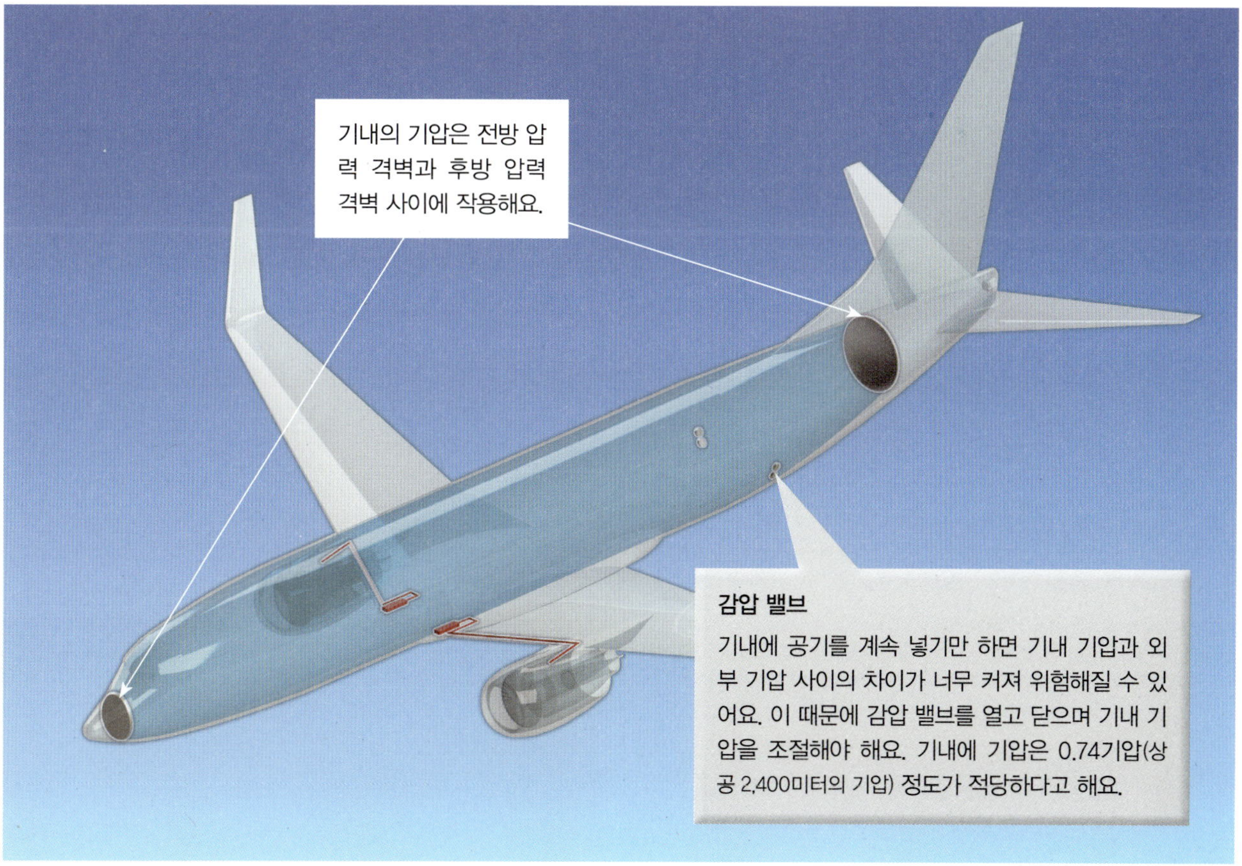

기내의 기압은 전방 압력 격벽과 후방 압력 격벽 사이에 작용해요.
감압 밸브
기내에 공기를 계속 넣기만 하면 기내 기압과 외부 기압 사이의 차이가 너무 커져 위험해질 수 있어요. 이 때문에 감압 밸브를 열고 닫으며 기내 기압을 조절해야 해요. 기내에 기압은 0.74기압(상공 2,400미터의 기압) 정도가 적당하다고 해요.

비행기의 장치

연료 탱크는 어디에 있을까요?

비행기가 한 번 운행하기 위해서는 비행기 자체 무게의 40퍼센트 이상 되는 어마어마한 양의 연료가 필요하다고 해요.
과연 이 많은 연료를 담는 연료 탱크는 어디에 있을까요?

비행기의 주요 연료 탱크 위치

비행기의 주요 연료 탱크는 왼쪽 날개에 두 군데, 오른쪽 날개에 두 군데, 중앙 날개에 한 군데로 총 다섯 군데 있어요. 또 뒷날개 보조 엔진 부분에 수평 안정판 탱크가 하나 있어요.

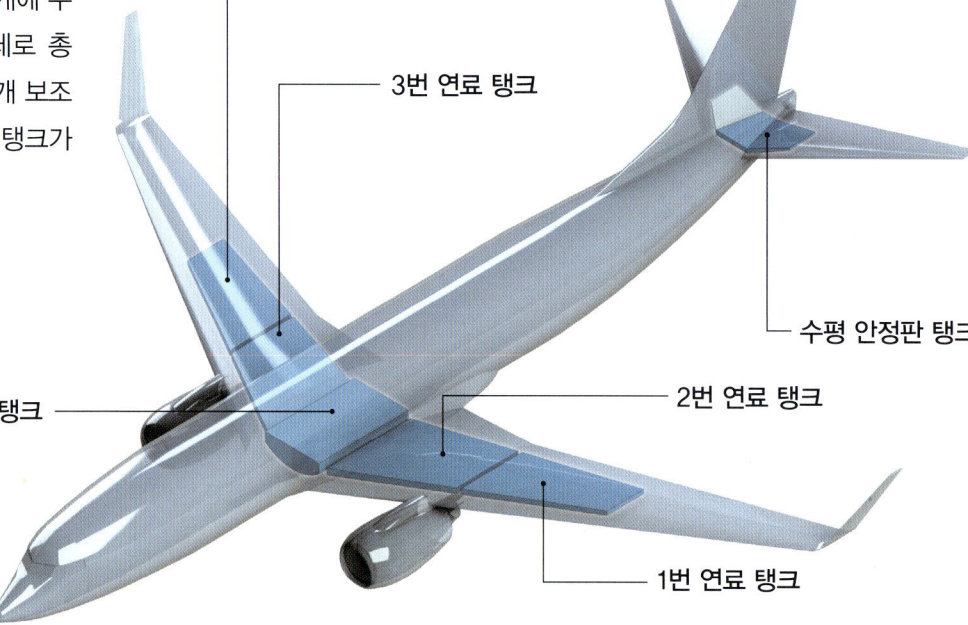

4번 연료 탱크
3번 연료 탱크
수평 안정판 탱크
중앙 연료 탱크
2번 연료 탱크
1번 연료 탱크

보잉 747

✈ 비행기에 필요한 연료량

비행기에 들어가는 연료량은 얼마나 될까요? 자그마치 비행기 무게의 40퍼센트 이상이 들어가요. 보잉 777-300ER을 예로 들면 왼쪽 날개 연료 탱크에 31.3톤, 오른쪽 날개 연료 탱크에 31.3톤, 중앙 탱크에 82.9톤으로 145.5톤의 연료가 채워져요. 이것은 비행기 무게 350톤의 40퍼센트 이상 되는 엄청난 양이라 할 수 있어요. 그런데 연료가 날개에 들어가 비행기의 균형을 잡아 주는 역할도 한다니 신기하지요.

비행기 날개에 위치한 연료 탱크에 연료를 채우는 모습

74

연료가 날개의 무게 추 역할을 해요

대형 여객기에 연료를 꽉 채웠을 때 무게는 약 350톤이에요. 이때 동체에만 연료를 넣으면 비행기가 떠 있을 때 동체에만 350톤의 중력이, 양 날개에 각 175톤의 양력이 생기기 때문에 날개와 동체가 연결된 부분에 부담이 커져요. 양 날개에 35톤씩 연료를 넣으면, 양력은 그대로고 날개에도 35톤의 중력이 생기기 때문에 동체와 연결된 부분에 부담이 적어져요.

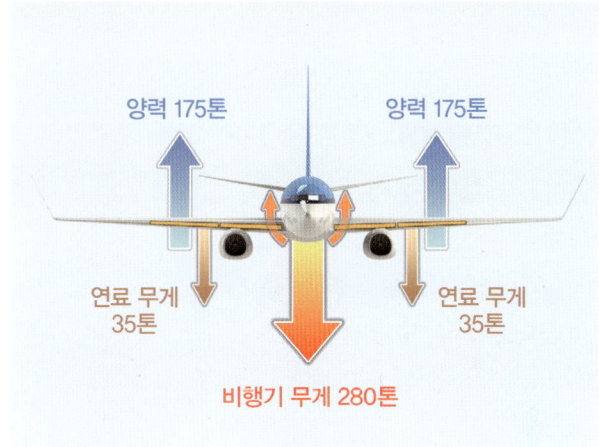

연료 상태 계기판

비행기가 하늘을 날 때 연료 상태는 매우 중요하므로 비행기에는 조종사가 한눈에 알아볼 수 있도록 연료 상태를 표시하는 계기판이 있어요. 현재 오른쪽과 왼쪽 날개, 중앙 탱크에 연료를 모두 더해 총 145.5톤의 연료가 들어 있어요.

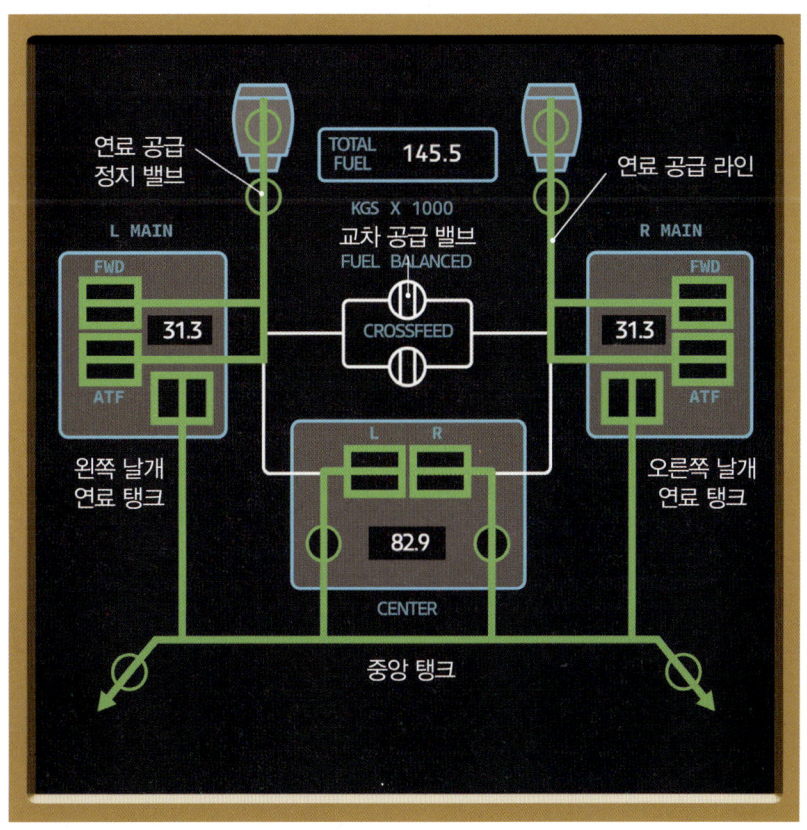

비행기의 장치

비행기에 얼음이 생긴다고요?

높은 상공에서 기온은 영하 50도나 됩니다. 이처럼 낮은 온도에서 비행기가 구름이나 비를 만나면 비행기 표면에 금방 얼음이 생길 수밖에 없지요. 과연 비행기는 이 문제를 어떻게 해결하고 목적지까지 갈 수 있을까요?

비행기 표면의 얼음 층이 커지는 이유

비행기가 하늘을 날면서 비나 구름을 지나지 않고 목적지까지 가기는 힘들어요. 또 높은 상공에서는 기온이 너무 낮기 때문에 얼음이 생겨 비행기에 달라붙을 수 있어요. 비행기에 생기는 이런 얼음을 제거하며 날아야 목적지까지 안전하게 갈 수 있어요.

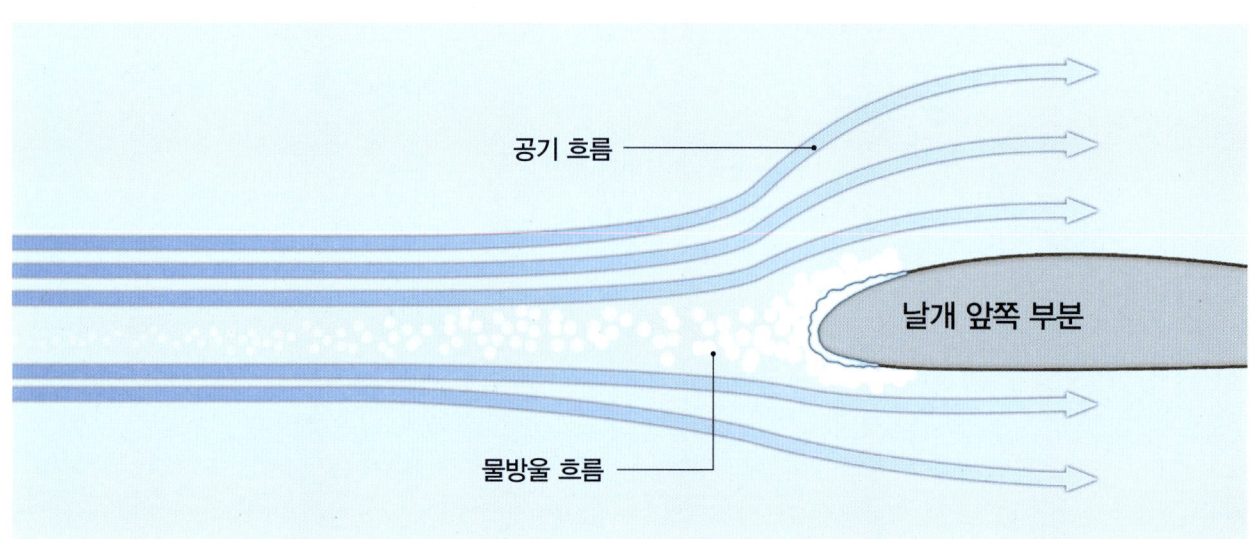

✈ 얼음 층이 생기는 원리

공기는 비행기의 날개를 만나면 아래와 위로 갈라져 흘러요. 하지만 물방울은 공기보다 무겁기 때문에 갈라지기 전에 비행기 표면에 달라붙어 버려요.

온도가 너무 낮기 때문에 달라붙자마자 얼어 버리는데 이렇게 얼음이 생기면 이미 날개에 붙은 얼음이 얼음을 더 잘 생기게 만드는 핵 역할을 하여 얼음 층이 급격히 커집니다.

수분과 만나 얼음 층이 잘 생기는 부분

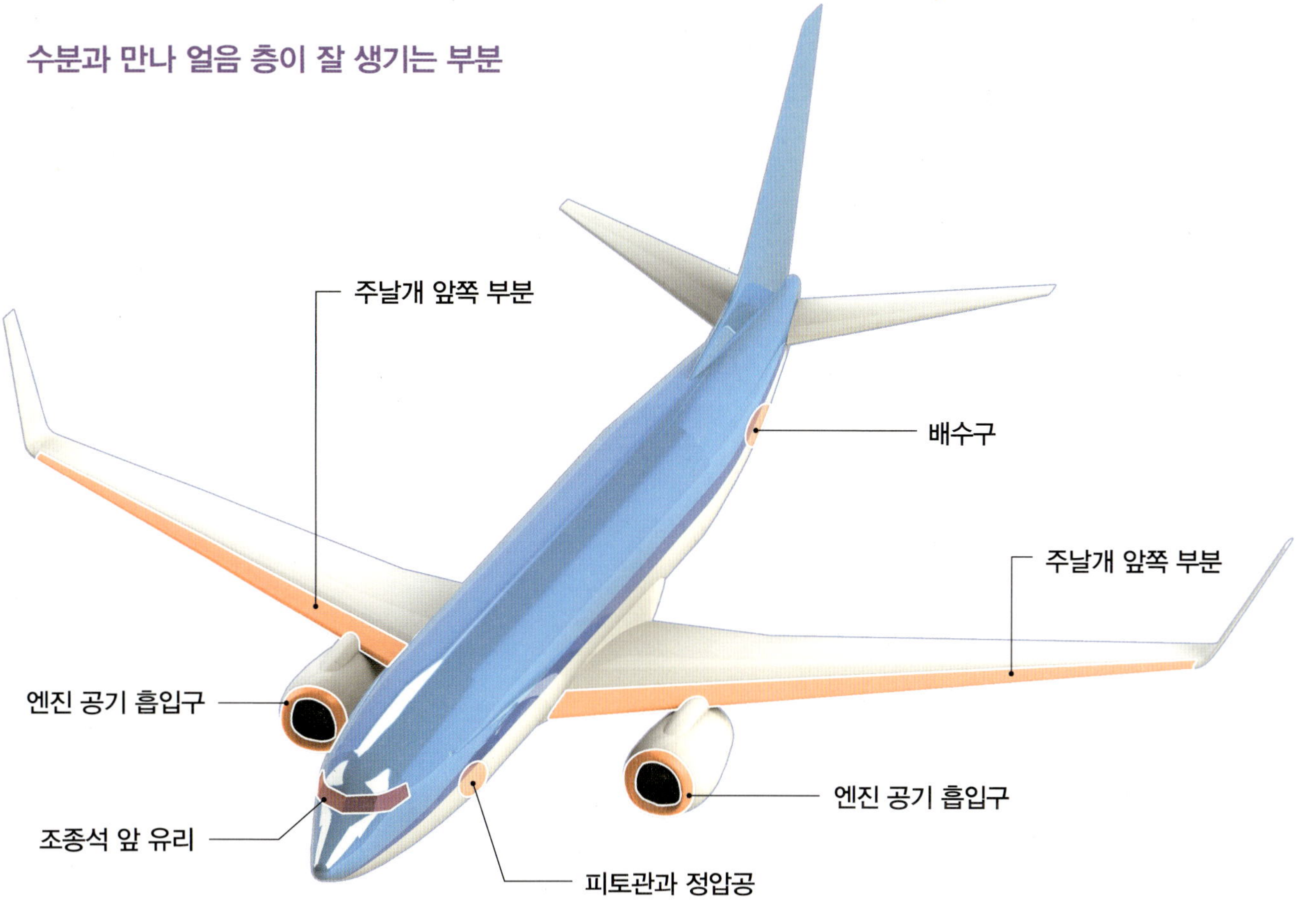

- 주날개 앞쪽 부분
- 배수구
- 주날개 앞쪽 부분
- 엔진 공기 흡입구
- 엔진 공기 흡입구
- 조종석 앞 유리
- 피토관과 정압공

✈ 날개에 얼음 층이 생기지 않도록 하는 방법

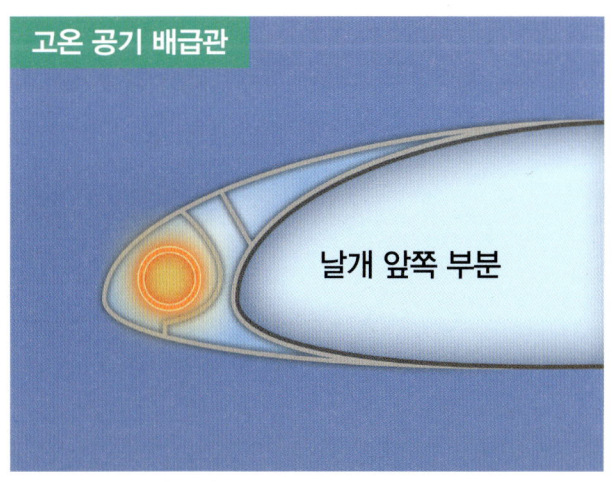

고온 공기 배급관

날개 앞쪽 부분

수분과 만나 얼음 층을 만들 만한 부분에 뜨거운 공기를 보내 얼음이 생기지 않게 할 수 있어요. 이를 위해 고온 공기 배급관을 만들어야 해요.

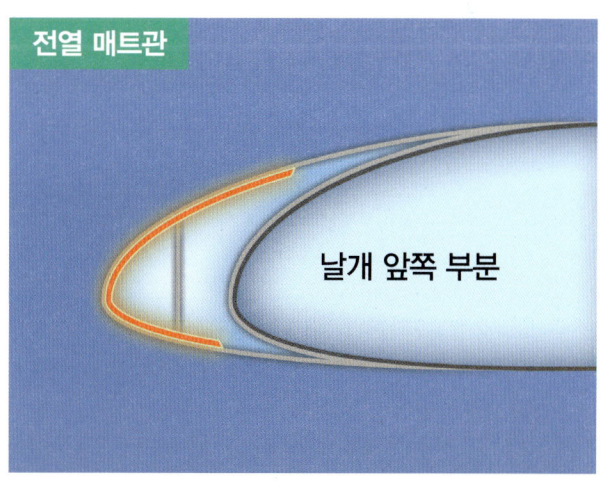

전열 매트관

날개 앞쪽 부분

공기와 만나 얼음 층을 만들 만한 부분에 전열 매트를 설치하여 얼음이 생기지 않게 할 수 있어요. 이를 위해 수분과 만나는 부분에 전열 매트관을 만들어야 해요.

잠깐! 비행기 퀴즈

1 비행기 보조 발전기의 위치를 맞혀 볼까요?

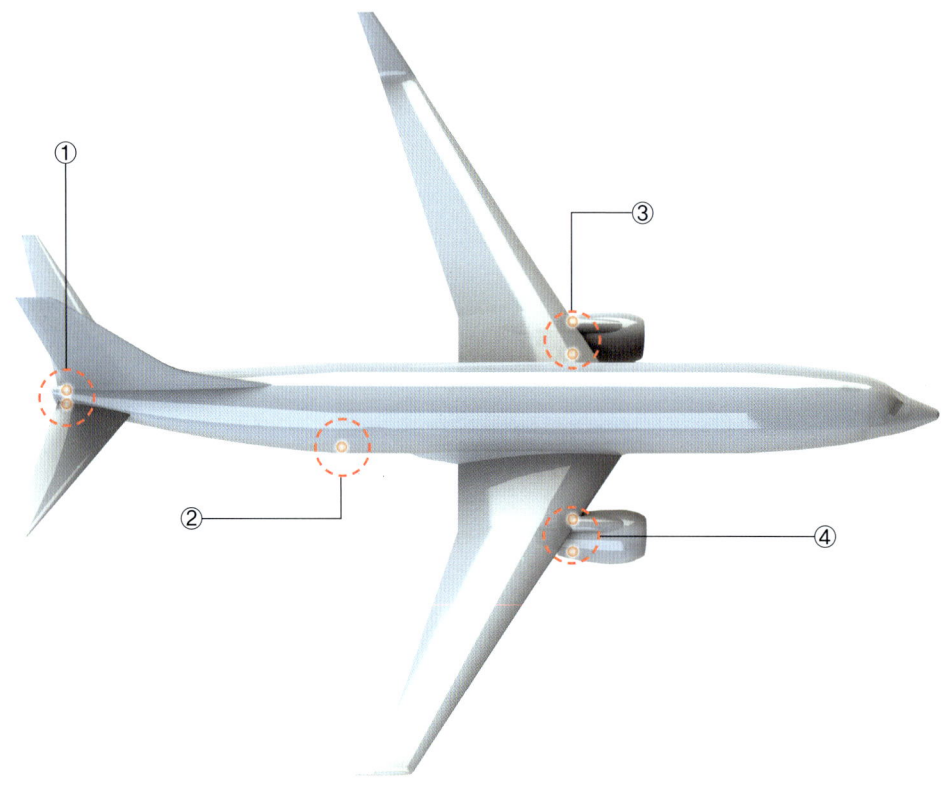

2 비행기를 탔을 때 귀가 멍해지는 건 무슨 차이 때문일까요?

① 기압   ② 습기   ③ 온도   ④ 음식

3 연료와 비행기 무게를 보고 비행기가 떠 있을 때 양력의 크기를 맞혀 볼까요? 빈칸을 채워 보세요.

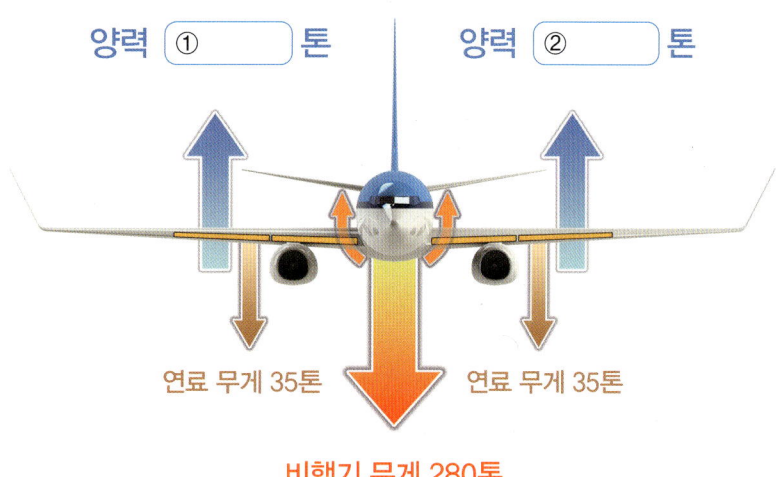

4 비행기에서 얼음 층이 잘 안 생기는 부분은 어디일까요?

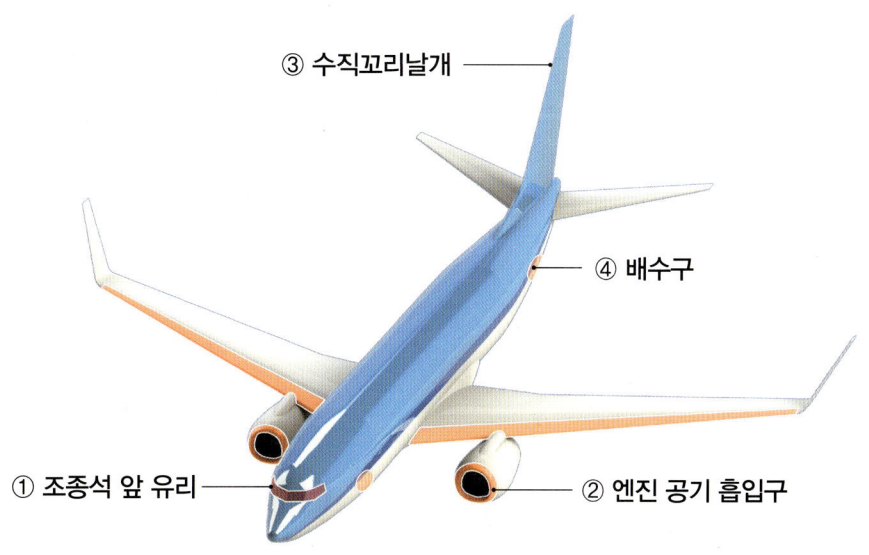

해답 1 ① 2 ① 3 ①175, ②175 4 ③

항공 관제사는 어떤 일을 할까요?

항공 관제사는 항공기의 안전한 운항을 위해 항공 교통을 관리하고 항공기에 필요한 정보를 전달하는 직업이에요. 우리가 비행기를 타고 여행할 때, 안전하게 뜨고 내릴 수 있는 건 모두 항공 관제사 덕분이랍니다.

하늘에도 우리가 차를 타고 다니는 도로처럼 길이 있어요. 하지만 신호등도 표지판도 없기 때문에, 관제사의 역할이 더욱 중요하답니다. 지상의 관제소에서 레이더를 보며 해당 하늘에 떠 있는 모든 항공기의 운항 과정을 지켜보고 안내합니다.

관제소

항공 관제사는 각기 일하는 영역이 정해져 있습니다. 공항의 관제소에 근무하는 항공 관제사는 공항 안에 있는 비행기가 뜨고 내리고 이동하는 것만 담당합니다. 공항 관제소의 통제를 벗어난 항공기는 공항 주변에 있는 접근 관제소가 맡지요. 이곳에 근무하는 항공 관제사는 항공기가 이륙한 직후부터 항로에 오를 때까지, 그리고 반대로 항로에서 항공기의 착륙 직전까지 통제합니다. 또 하늘에서 항로 안전 거리 유지 및 허가 등은 항로 관제소가 담당해요. 항공 관제는 주로 영어나 관제소가 있는 나라의 언어로 진행됩니다. 주로 관제소가 있는 지역의 언어가 사용되지만, 관제소 직원은 반드시 영어를 할 줄 알아야 해요.

5

비행기를 탈 때 알아둬요!

기내식은 어디에 보관되어 있다가 나올까요?
여객기에는 앉을 수 있는 좌석이나 화장실뿐 아니라 주방 역할을 하는
갤리나 승무원이 쉴 수 있는 승무원실도 있어요. 승객을 태우고 나는
여객기의 숨은 공간과 이륙 전 점검하는 방법을 살펴보세요!

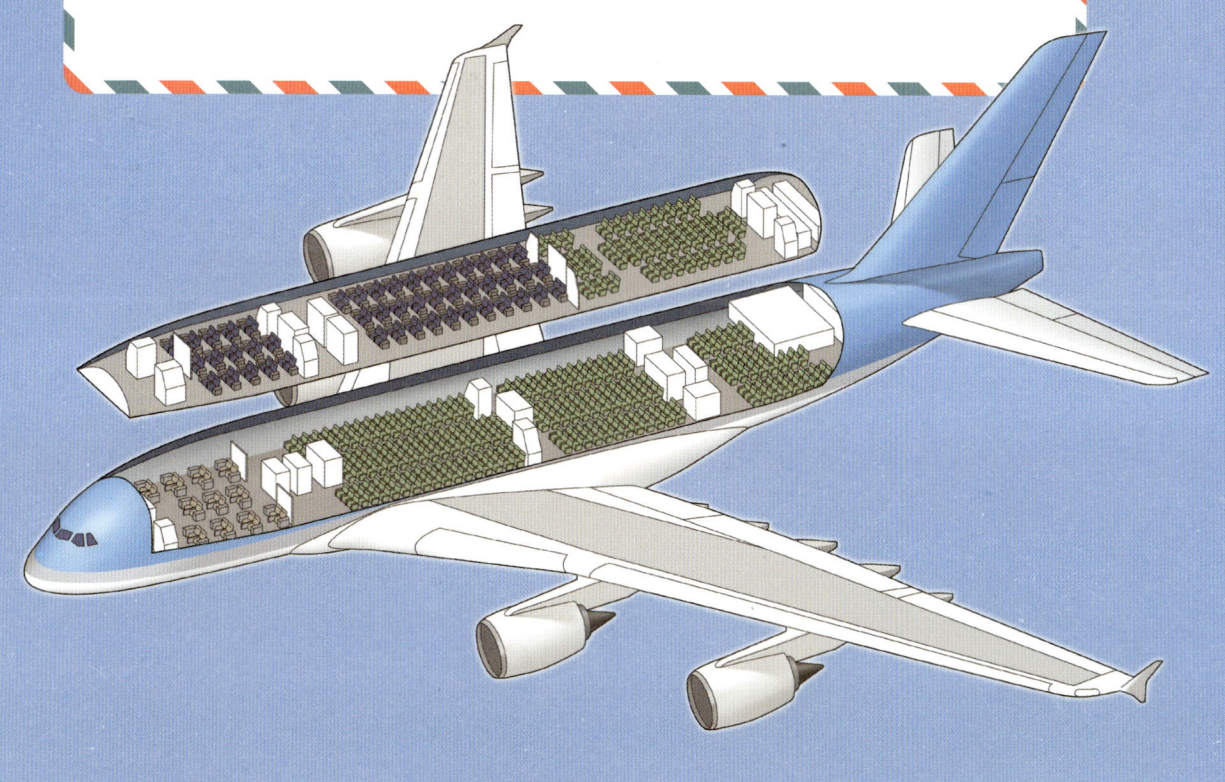

여객기의 모든 것

여객기 좌석은 어떻게 배치할까요?

비행기를 타고 여행해 본 적 있나요?
우리가 타는 여객기에는 다양한 공간이 숨어 있어요.
어떤 공간이 있는지 함께 살펴볼까요?

여객기 객실의 구조

여객기의 객실 모양과 구분은 여객기 종류에 따라 달라요. 세계의 대형 여객기 제조 회사로는 '보잉'과 '에어버스'가 있어요.

에어버스 A380 여객기를 기준으로 여객기 좌석 모습을 살펴보도록 해요. 에어버스 A380은 '하늘 위의 호텔' 이라는 별명이 붙을 만큼 크기가 어마어마해요. 2층 구조로 이루어져 있습니다. 물론 같은 비행기라도 항공사마다 배치나 구성을 다르게 하기도 한답니다.

비즈니스석
다리를 쭉 뻗을 수 있을 정도로 좌석 사이 간격이 넓어요. 의자도 뒤로 180도 젖힐 수 있고요. 편리한 만큼 가격이 비쌉니다.

일등석
거의 침대처럼 편안하게 사용할 수 있어요. 다양한 서비스는 물론이고 기내식도 훨씬 풍부하게 제공되는 좌석이에요.

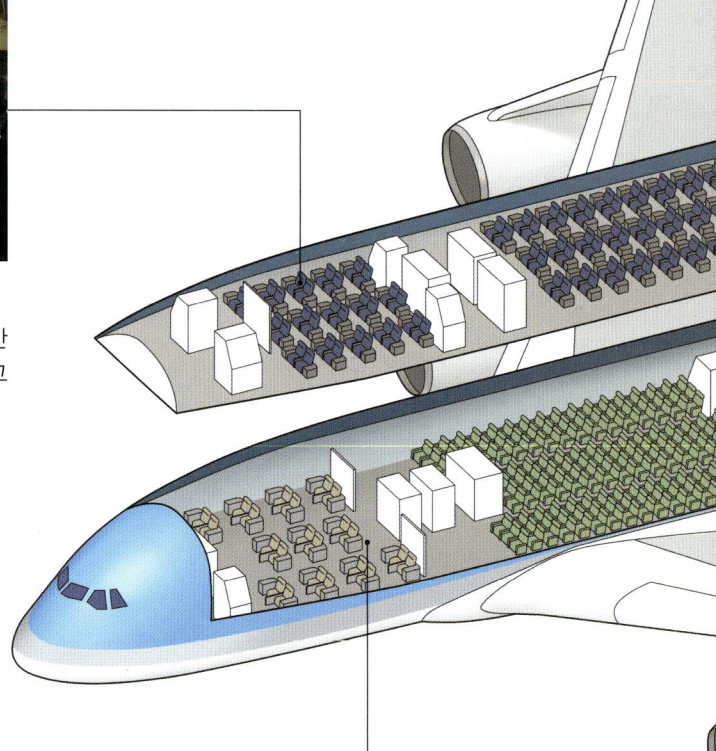

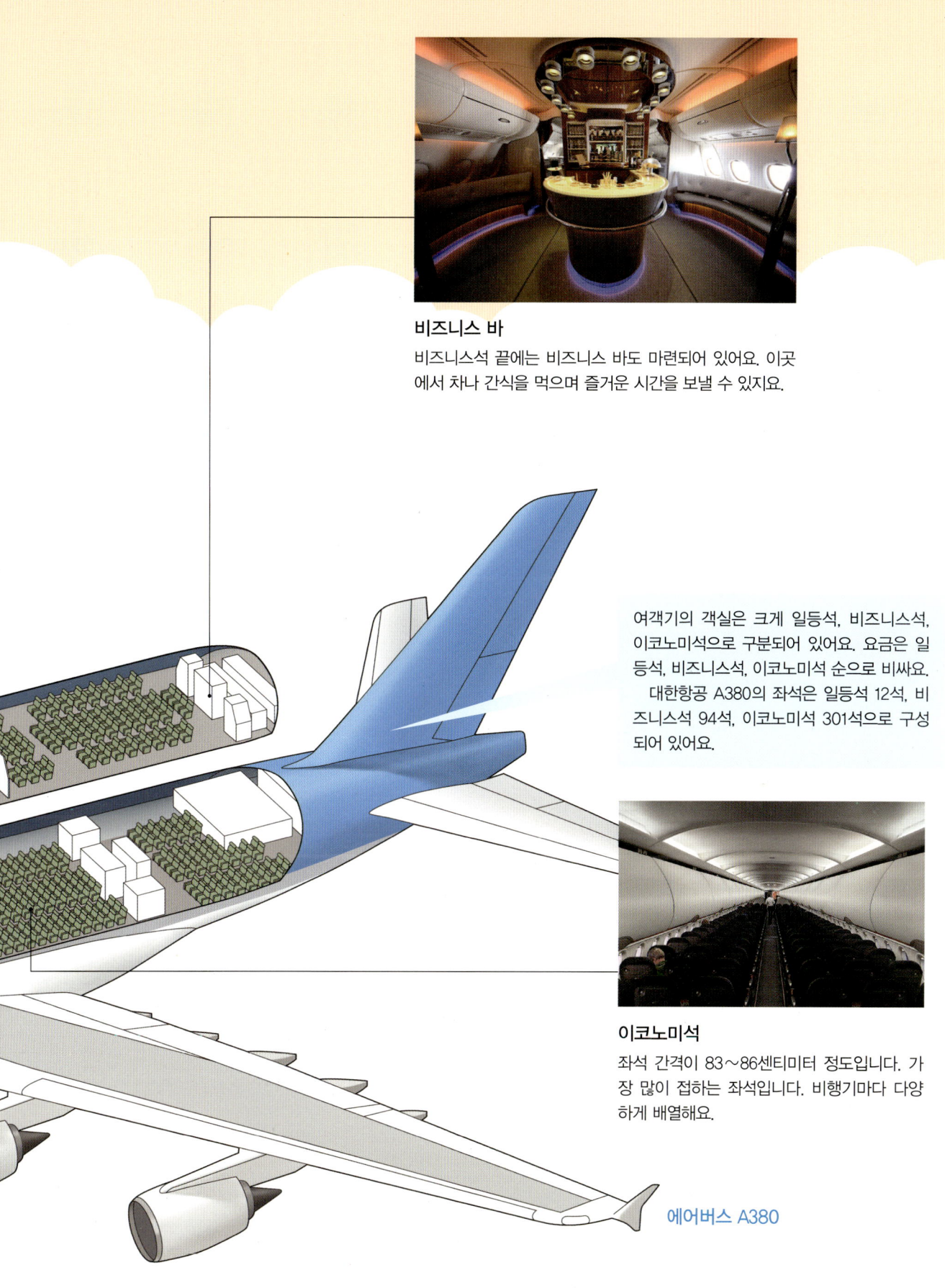

비즈니스 바
비즈니스석 끝에는 비즈니스 바도 마련되어 있어요. 이곳에서 차나 간식을 먹으며 즐거운 시간을 보낼 수 있지요.

여객기의 객실은 크게 일등석, 비즈니스석, 이코노미석으로 구분되어 있어요. 요금은 일등석, 비즈니스석, 이코노미석 순으로 비싸요. 대한항공 A380의 좌석은 일등석 12석, 비즈니스석 94석, 이코노미석 301석으로 구성되어 있어요.

이코노미석
좌석 간격이 83~86센티미터 정도입니다. 가장 많이 접하는 좌석입니다. 비행기마다 다양하게 배열해요.

에어버스 A380

여객기의 모든 것

비행기 안에 숨어 있는 공간

아무리 비행기를 타도 잘 볼 수 없는 곳이 바로 승무원실이나 갤리일 거예요. 과연 비행기 승무원들은 어떤 곳에서 쉬고 비행기의 주방은 어떻게 생겼을까요?

다양한 승무원실의 모습

비행기가 운항할 때 가장 바쁜 사람은 승무원일 거예요. 기내식을 제공하고 안전 장비 사용법을 소개하는 등 많은 일을 해요.

그래서 비행기에서는 승무원이 쉬는 공간도 있어요. 주로 객실 뒤쪽 화물칸으로 내려가는 아래에 휴식 공간이 마련되어 있어요.

비행기 화장실의 비밀

여객기의 화장실에서 변을 어떻게 처리하느냐가 가장 궁금할 거예요. 여객기가 생긴 지 얼마 안 되었을 때는 비행기 밖으로 버렸으나 현재는 비행기 안에 오물 탱크가 따로 있어요.

화장실에 사람이 있으면 그 앞에 빨간색 점등이 들어오니 이것을 보고 화장실을 이용하면 편리하겠죠.

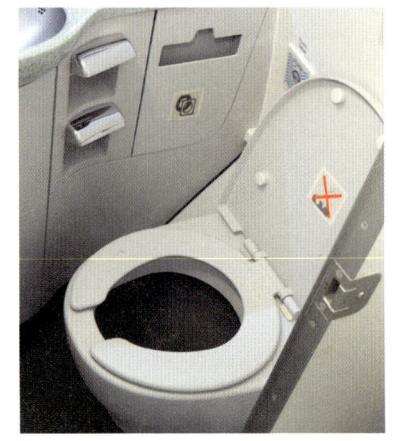 

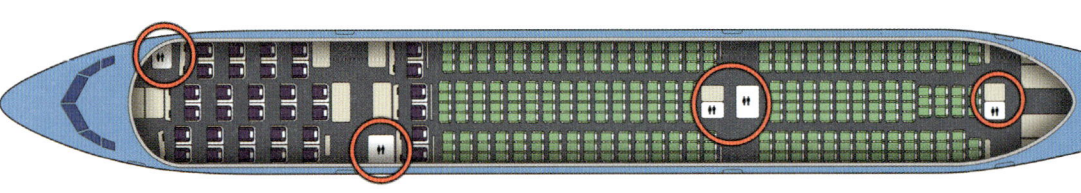

화장실의 위치

84

비행기의 주방(갤리)의 모습

비행기를 탔을 때 맛있는 기내식을 기대해요. 그런데 기내식은 어디에서 뚝딱하고 나오는 것일까요?

바로 갤리라 부르는 비행기 내의 주방에서 나와요. 갤리는 객실의 앞, 중간, 뒤쪽에 위치해 있어요. 갤리에는 음식뿐 아니라 기내에 필요한 모든 물품을 보관하고 있어요.

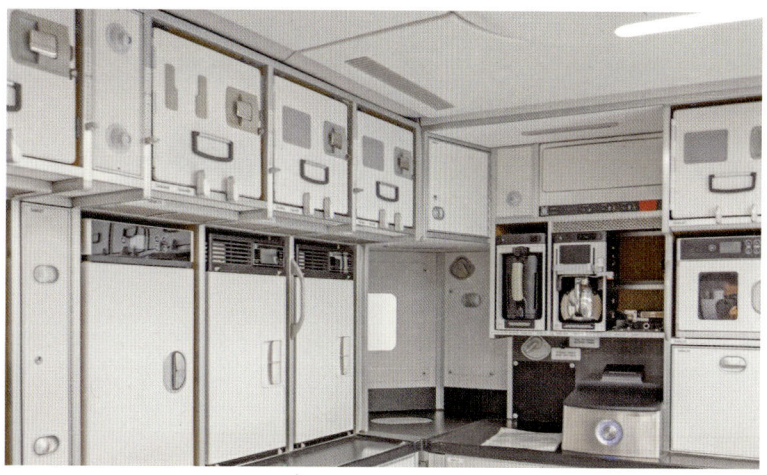

비행기 지식!

기내식은 지상에서 먼저 만들어져서 비행기의 갤리에 보관되어요. 음식을 전기 오븐으로 데워 나가면 시간이 오래 걸리기 때문에, 2시간 이내의 비행에서는 찬 음식이 나간답니다.

갤리에 있는 장비들

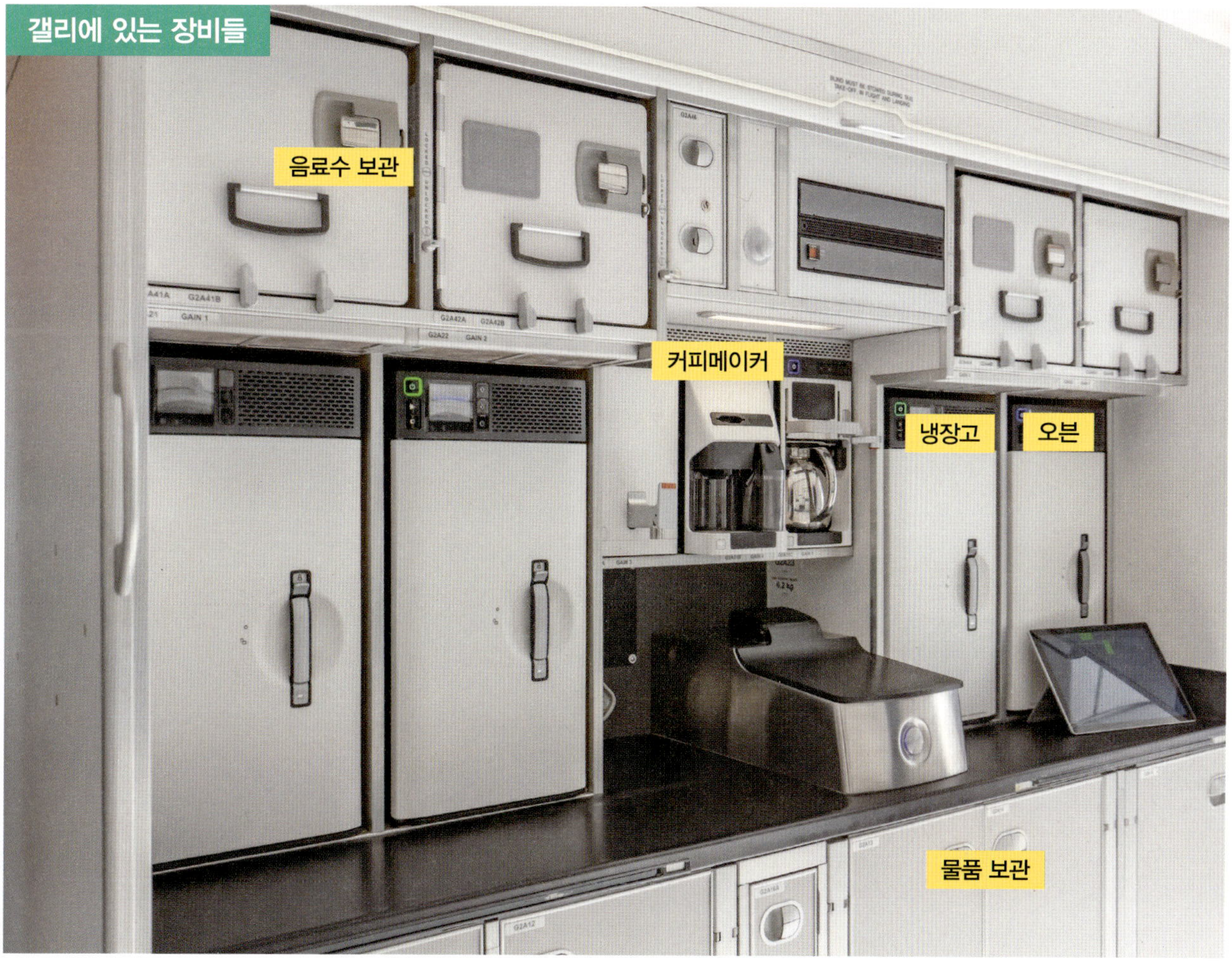

음료수 보관 · 커피메이커 · 냉장고 · 오븐 · 물품 보관

여객기의 모든 것

비행기로 화물을 어떻게 나를까요?

비행기 여행을 하면 공항에서 캐리어나 짐을 미리 맡겼다가 다시 컨베이어 벨트를 따라 나오는 것을 보았을 거예요. 수많은 짐은 어디에 보관되었다가 나타나는 걸까요?

여객기 화물칸의 위치와 구조

여객기 동체 아래쪽에 있는 화물칸의 모습
여객기의 화물은 컨베이어 벨트를 이용하여 싣고 내려요.

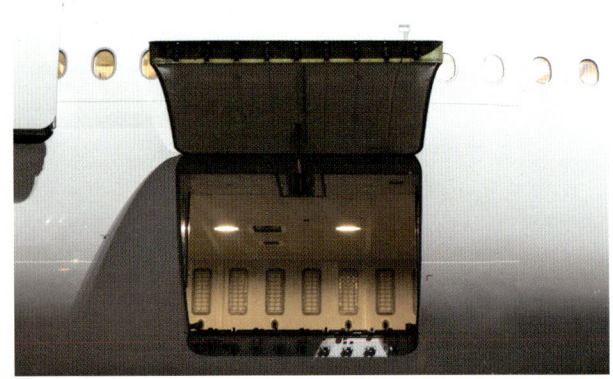

실을 수 있는 화물의 최대량은 여객기마다 차이가 있지만 보잉 747은 무려 150톤의 화물을 실을 수 있다고 해요.

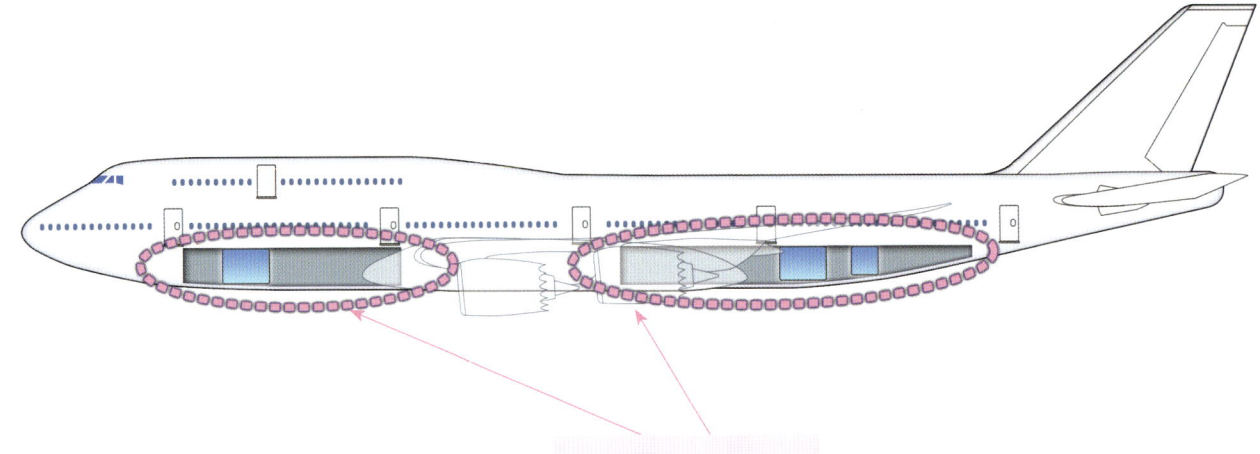

여객기 화물칸의 위치
여객기의 화물칸은 동체 아래쪽에 있어요.

화물 전용기의 구조

화물 전용기의 모습
비행기 중에는 화물만을 실어 나르는 화물 전용기가 따로 있어요. 화물 전용기 내부는 운전석 외에는 모두 화물을 싣는 공간으로 구성합니다.

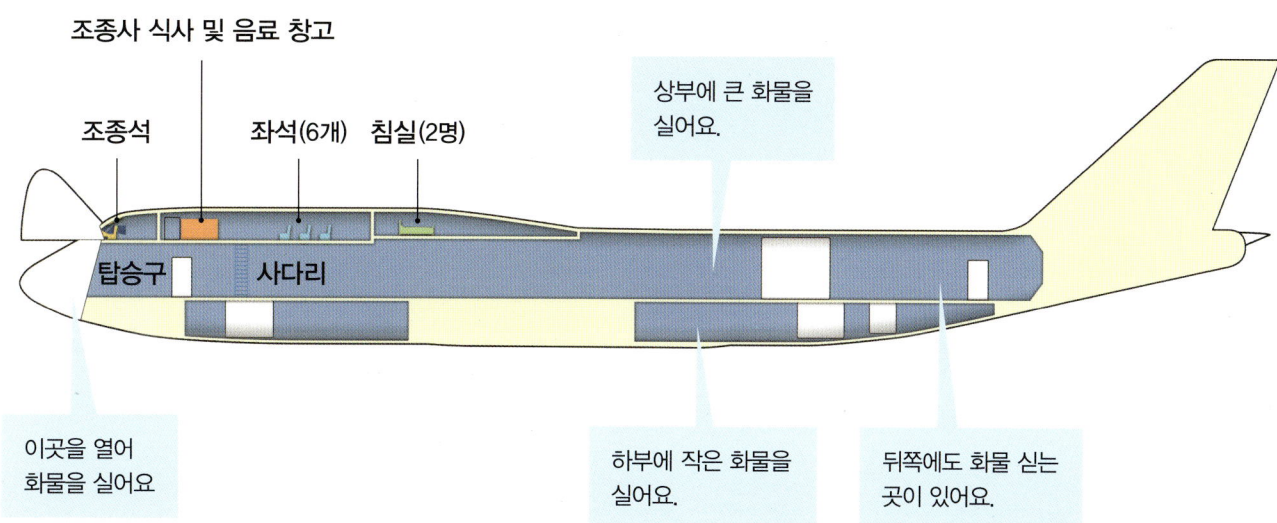

- 조종사 식사 및 음료 창고
- 조종석
- 좌석(6개)
- 침실(2명)
- 상부에 큰 화물을 실어요.
- 탑승구
- 사다리
- 이곳을 열어 화물을 실어요
- 하부에 작은 화물을 실어요.
- 뒤쪽에도 화물 싣는 곳이 있어요.

비행기 지식!

세상에서 가장 큰 화물 전용기는 '안토노프 An-225 므리야'예요. 무려 엔진 여섯 개와 열여섯 쌍의 바퀴를 달고 있답니다. 탱크를 실을 수 있을 정도로 엄청난 크기를 자랑해요. 화물을 250톤까지 실을 수 있답니다.

여객기의 모든 것

비행기에서 탈출하는 방법

비행기는 사고가 잘 나진 않지만, 한 번 사고가 나면 큰 피해가 발생해요.
만약을 위해서라도 각종 안전 장비들을 이용하는 방법에 대해 잘 알아야 합니다.
안전 장비들을 어떻게 이용하는지 알아볼까요?

비행 상황에서 안전 장비 사용 방법

1. 먼저 안전벨트를 해야 해요.

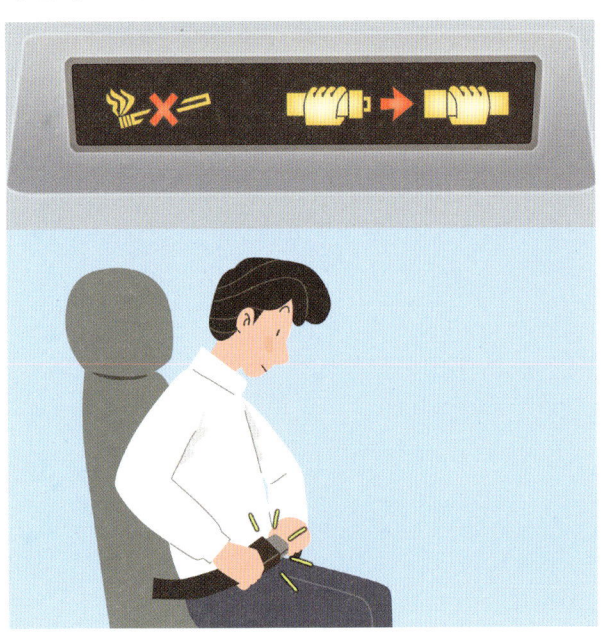

2. 그다음 비상구를 확인해야 해요.

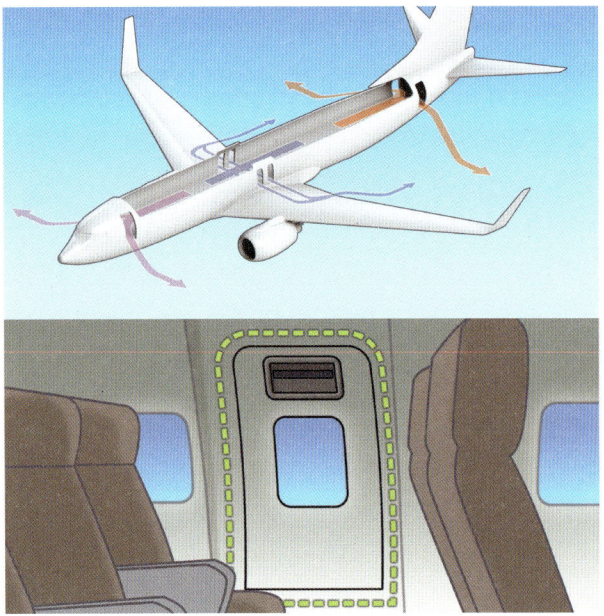

3. 산소마스크 쓰는 요령을 익혀요.

산소마스크는 기내에 문제가 생기면 천장에서 자동으로 내려와요.

✈ **산소마스크 쓰는 방법**

① 산소마스크를 잡아당겨서 코와 입에 대어요.
② 끈을 머리 뒤로 넘겨요.
③ 앞쪽의 고무끈 두 개를 잡아당겨 알맞게 조여요.

4. 구명조끼 입는 요령을 익혀요.

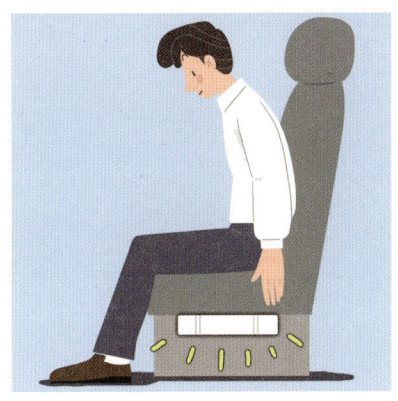
① 구명조끼는 의자 아래쪽에 있어요.

② 구명조끼를 펼쳐요.

③ 머리부터 구명조끼를 써요.

④ 구명조끼의 허리띠를 조여요.

⑤ 비상구 쪽으로 나가요.

⑥ 탈출 직전에 구명조끼 아래 빨간 손잡이를 당겨 구명조끼를 부풀린 후 탈출해요.

5. 비상 슬라이드로 탈출하는 요령을 익혀요.

비상 슬라이드는 탈출용 미끄럼틀이에요. 탈출 후에는 구명보트 역할도 해요. 비상 슬라이드에는 천막, 스틱, 구급 상자, 생수, 비상 식량 등이 들어 있어요.

여객기의 모든 것

비행기 안전 점검하는 방법

여객기는 수백 명의 승객을 싣고 나르기 때문에 반드시 안전에 신경을 써야 해요. 비행기가 뜨기 전 점검해야 할 것들을 알아보아요.

비행기의 안전 점검

출발 전 반드시 비행기를 꼼꼼히 점검해야 해요. 외부를 먼저 살펴보고 그 후에 내부에 이상이 없는지 확인해야 해요. 비행기가 출발하기 전 여러 전문가들이 비행기를 꼼꼼하게 점검합니다.

1. 외부 점검

외부 점검은 아래 그림에 나타난 대로 화살표 순서에 따라 탑승구에서 시작하여 비행기 앞머리 – 앞바퀴 – 오른쪽 엔진 – 오른쪽 날개 – 오른쪽 바퀴 – 뒷날개 – 왼쪽 바퀴 – 왼쪽 날개 – 왼쪽 엔진 순으로 돌면서 손상된 곳이나 기름이 새는 곳이 없는지 살펴야 해요.

2. 내부 점검

객실 내부를 한 바퀴 돌고 제일 중요한 조종실을 점검해요. 전원 장치, 보조 동력 장치를 점검하고 각종 스위치, 버튼, 레버 등이 올바른 위치에 있는지 확인하며 계기판을 통하여 전력 상태, 오일 상태 등을 점검해요.

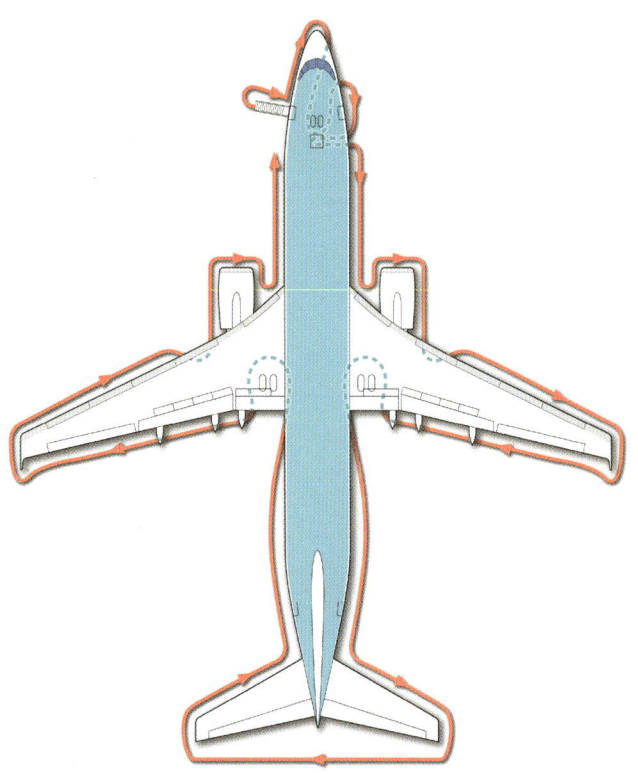

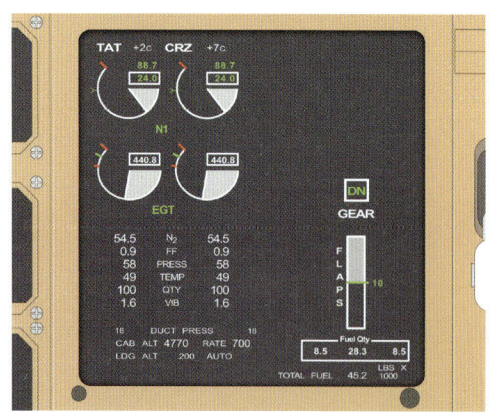

비행기 출발 전 지상 지원 장비

점검이 끝났다고 비행기가 바로 출발할 수 있는 건 아니에요. 비행기 운항에 필요한 물이나 연료 등을 채워 넣는 각종 지원 장비들이 동원되어 비행기가 비행을 잘할 수 있도록 준비를 시작해요.

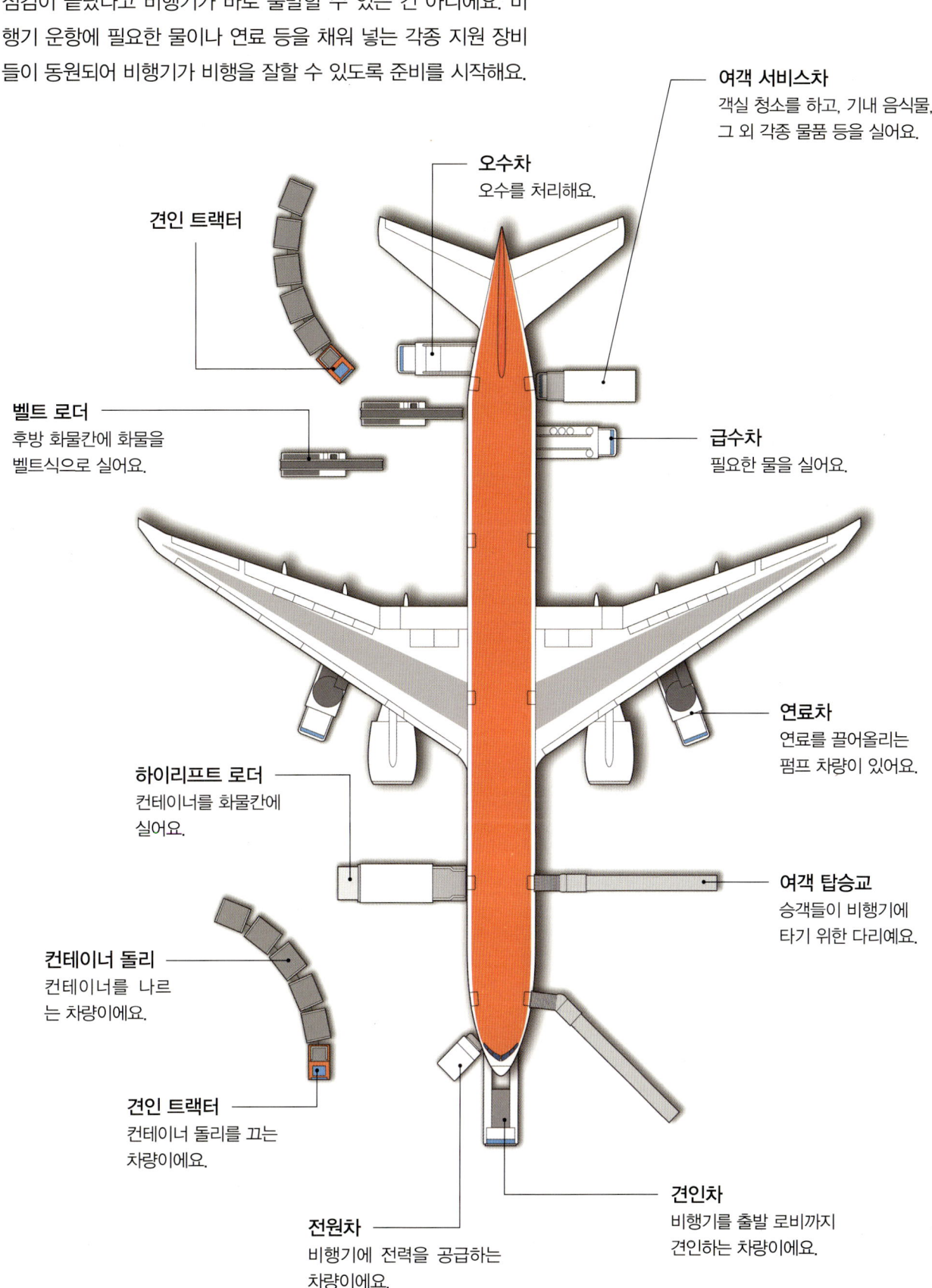

오수차 오수를 처리해요.

여객 서비스차 객실 청소를 하고, 기내 음식물, 그 외 각종 물품 등을 실어요.

견인 트랙터

벨트 로더 후방 화물칸에 화물을 벨트식으로 실어요.

급수차 필요한 물을 실어요.

연료차 연료를 끌어올리는 펌프 차량이 있어요.

하이리프트 로더 컨테이너를 화물칸에 실어요.

여객 탑승교 승객들이 비행기에 타기 위한 다리예요.

컨테이너 돌리 컨테이너를 나르는 차량이에요.

견인 트랙터 컨테이너 돌리를 끄는 차량이에요.

전원차 비행기에 전력을 공급하는 차량이에요.

견인차 비행기를 출발 로비까지 견인하는 차량이에요.

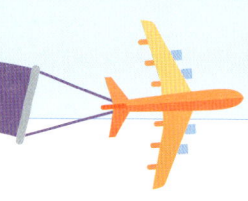

잠깐! 비행기 퀴즈

1 이곳은 어디인지 사진을 보고 이름을 맞혀 볼까요?

① 화장실　　② 갤리　　③ 승무원실　　④ 조종석

2 여객기에서 화물칸은 어디에 있는지 맞혀 볼까요?

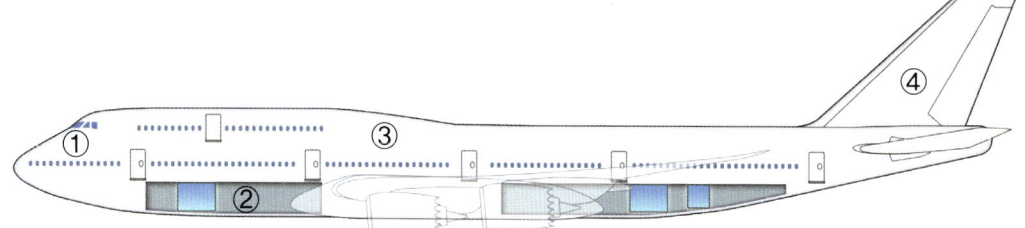

3 구명조끼를 입는 순서를 맞혀 볼까요?

① 머리부터 구명조끼를 써요.

② 비상구 쪽으로 나가요.

③ 구명조끼를 펼쳐요.

④ 구명조끼 아래 빨간 손잡이를 당겨 구명조끼를 부풀려요.

⑤ 구명조끼의 허리띠를 조여요.

4 비행기 외부 점검을 하는 올바른 방향을 그려 볼까요?

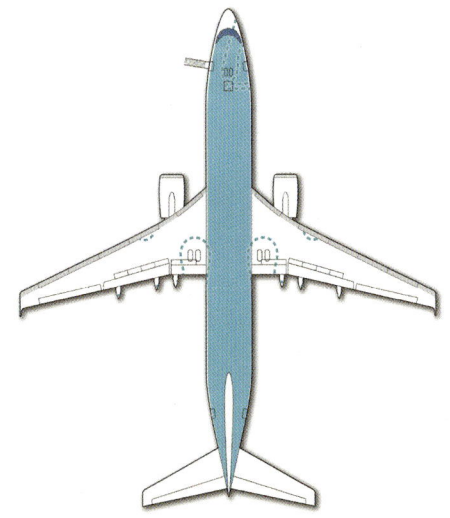

해답 1 ② 2 ② 3 ③-①-⑤-②-④ 4 시계 반대방향(90도 참고)

같은 비행기인데 좌석이 다르다고요?

세계에서 비행기를 만드는 제조사는 아주 적어요. 그중에서도 공항에서 자주 볼 수 있는 대형 여객기를 만드는 회사는 단 두 곳뿐입니다. '보잉'과 '에어버스'가 바로 대형 여객기를 제조하는 회사예요.

그에 반해 항공사는 아주 많습니다. 전 세계에 오천 개 이상의 항공사가 있지요. 항공사마다 추구하는 서비스가 다르기 때문에 같은 기종이라도 내부의 좌석 수나 모습이 천차만별이랍니다. 심지어 같은 항공사의 같은 기종이라도 좌석을 다르게 놓기도 해요.

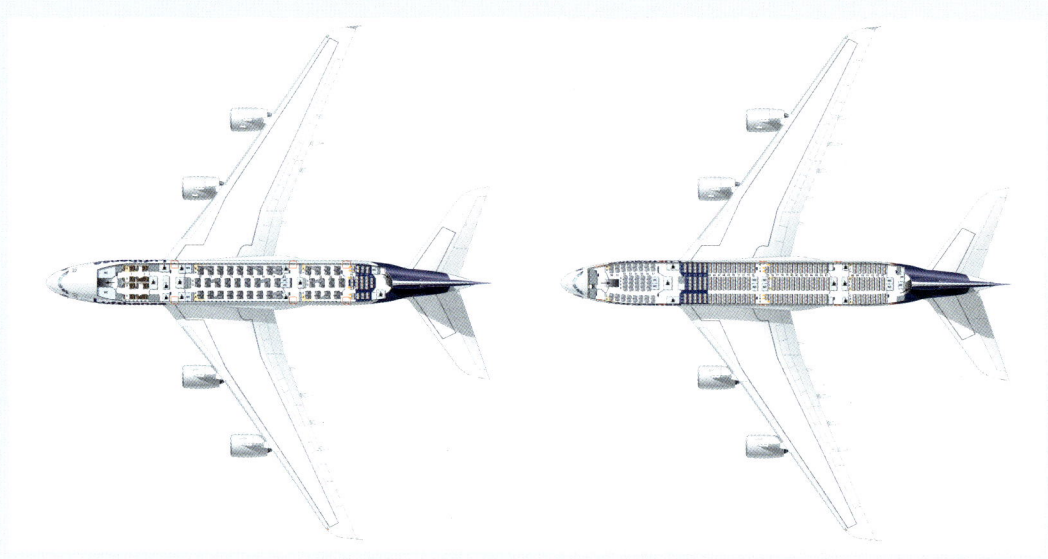

루프트한자의 에어버스 A350 좌석 비교

'루프트한자'도 같은 에어버스 A350인데 좌석 수를 다르게 배치했습니다. 하나는 비즈니스 48석, 프리미엄 이코노미 21석, 이코노미 224석을 놓은 데 반해 다른 하나는 비즈니스 36석, 프리미엄 이코노미 21석, 이코노미 262석으로 두었어요. 비즈니스석을 줄이고 이코노미석을 늘렸지요. 그에 따라 화장실이나 갤리의 위치도 미묘하게 달라진답니다.

에어버스 A380처럼 더 큰 기종에는 영화관이나 스파 등 시설의 구성도 다양하게 달라진다니, 항공사별로 기종의 내부가 어떻게 다른지 찾아보면 재미있을 거예요.

6

전투기와 헬리콥터를 만나요!

전투기와 헬리콥터는 비행기와 무엇이 다를까요?
최신 전투기는 어떤 구조로 이루어져 있는지, 헬리콥터는 어떻게
같은 자리에서 바로 뜨고 내릴 수 있는지를 알아보세요.
비행기와 다른 전투기와 헬리콥터의 특징을 찾을 수 있어요!

전투기와 헬리콥터

어떤 종류의 전투기가 있을까요?

전투기는 여객기와 모습이 많이 달라요.
과연 전투기에는 어떤 종류와 기능이 있는 걸까요?
또 우리나라에는 어떤 전투기들이 있을까요?

전투기의 종류

요격기

침입하는 적의 전투기를 격추시킬 목적으로 개발한 전투기로 공격보다 방어적 성격이 강해요. 빠른 속도와 상승력이 가장 중요해요.

제공 전투기

적과의 공중전에서 절대적인 우세를 차지하기 위한 목적으로 개발된 전투기예요.

공중전에서 우세하면 적에게 방해받지 않고 어떠한 작전이라도 수행할 수 있어요.

스텔스기

전투기에서 가장 중요한 기능 중 하나가 적의 탐지 장치에 걸리지 않는 거예요. 스텔스기는 바로 이 목적으로 개발된 전투기예요. 스텔스기에는 최신 기술이 가장 많이 쓰여요.

전투 폭격기

상대 진영을 폭격하기 위한 목적으로 개발된 전투기예요. 줄여서 전폭기라 하며 공중전 및 지상 공격 임무를 동시에 수행할 수 있어야 해요.

우리나라에서 사용하는 전투기

F-4 팬텀
- 최대 속도 마하 2.23
- 상승 한도 약 18,300m
- 항속 거리 약 2,968km
- 기관포 20밀리미터×639발
- 특징 5,000대 넘게 생산

F-5 타이거
- 최대 속도 마하 1.6
- 상승 한도 약 15,300m
- 항속 거리 약 3,700km
- 기관포 20밀리미터×560발
- 특징 정비와 조종이 쉬움

FA-50 파이팅 이글
- 최대 속도 마하 1.5
- 상승 한도 약 16,764m
- 항속 거리 약 2,592km
- 기관포 20밀리미터×205발
- 특징 대한민국에서 처음 만든 전투기

F-16 파이팅 팰컨
- 최대 속도 마하 2.0
- 상승 한도 약 15,239m
- 항속 거리 약 3,862km
- 기관포 20밀리미터×511발
- 특징 날개와 동체의 구분이 모호한 모습

F-15K 슬램 이글
- 최대 속도 마하 2.3
- 상승 한도 약 19,000m
- 항속 거리 약 4,445km
- 기관포 20밀리미터×512발
- 특징 미 공군의 전투 폭격기 F-15E를 대한민국에서 개량한 모델

전투기와 헬리콥터

전투기의 구조를 살펴볼까요?

가장 강력한 전투기와 최신 전투기는 어떻게 생겼을까요?
전투기의 모습을 자세히 살펴보며 구조를 파악해 볼까요?

최강 스텔스 전투기의 구조

터보팬 엔진을 장착하여 연기가 거의 나지 않도록 만들었어요.

전파를 흡수하고 반사하는 소재로 동체를 만들어 레이더에 걸리지 않도록 만들었어요.

날개는 소음을 줄이기 위한 구조로 되어 있어요.

미사일 및 유도탄을 내부에 장착했어요.

다이아몬드 공기 흡입과 배기 시스템으로 레이더에 걸리지 않게 했어요.

동체 내부 깊숙한 곳에 엔진이 설치되어 있어요.

동체는 레이더에 걸리지 않는 각도로 만들어졌어요.

F-22 랩터

F-22 랩터에 장착한 무기

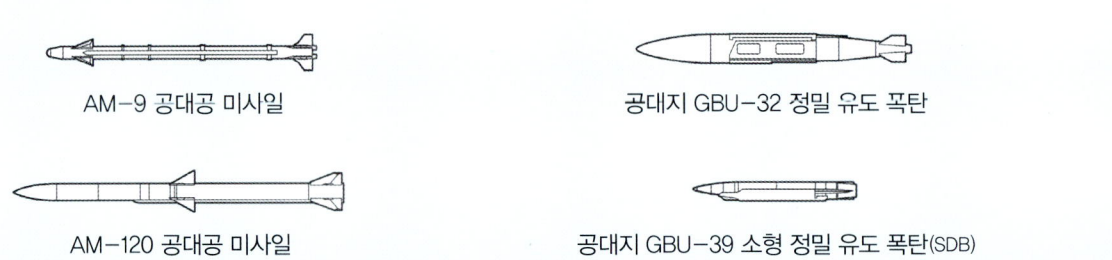

AM-9 공대공 미사일

공대지 GBU-32 정밀 유도 폭탄

AM-120 공대공 미사일

공대지 GBU-39 소형 정밀 유도 폭탄(SDB)

차세대 전투기의 구조

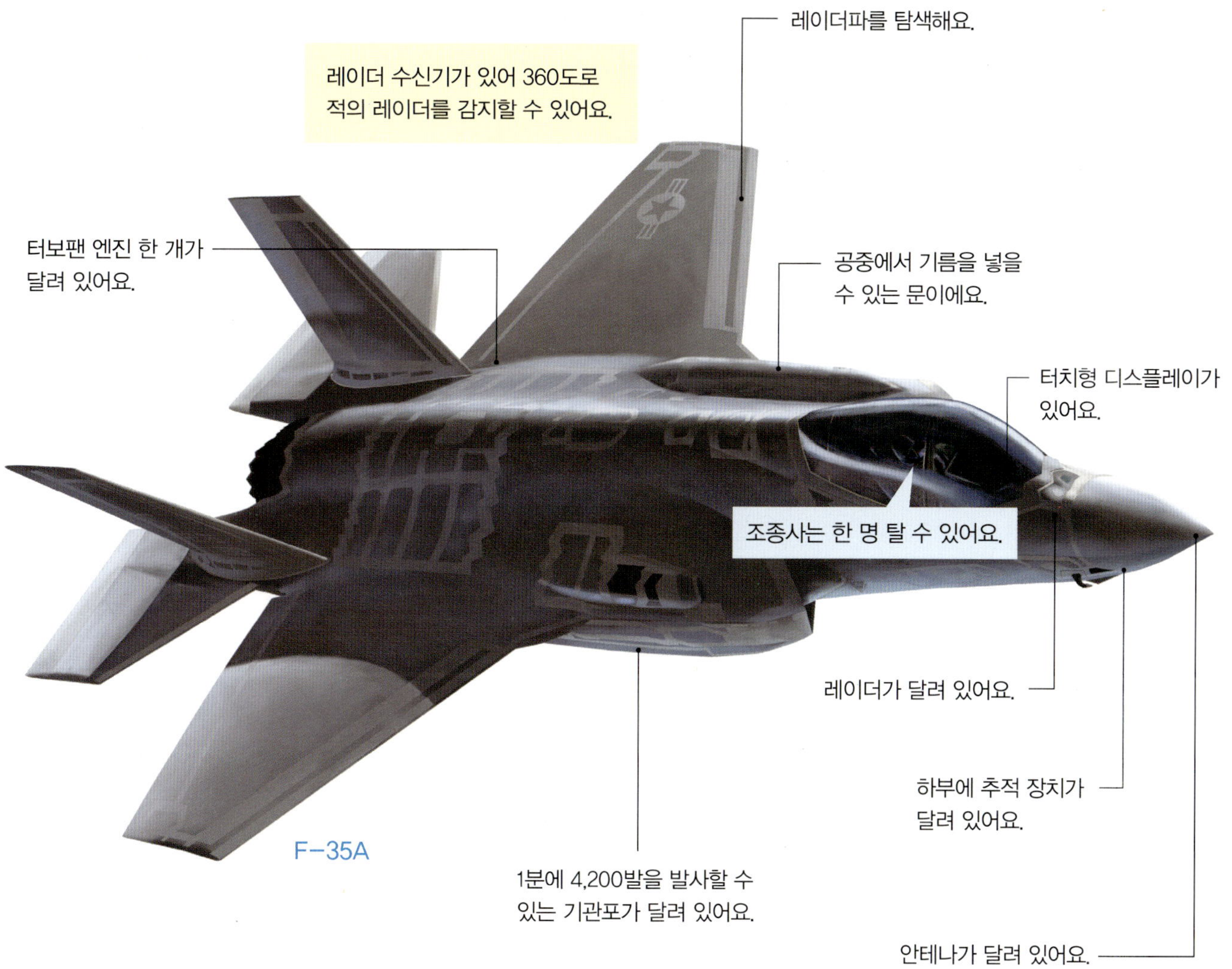

레이더파를 탐색해요.
레이더 수신기가 있어 360도로 적의 레이더를 감지할 수 있어요.
터보팬 엔진 한 개가 달려 있어요.
공중에서 기름을 넣을 수 있는 문이에요.
터치형 디스플레이가 있어요.
조종사는 한 명 탈 수 있어요.
레이더가 달려 있어요.
하부에 추적 장치가 달려 있어요.
F-35A
1분에 4,200발을 발사할 수 있는 기관포가 달려 있어요.
안테나가 달려 있어요.

F-35A의 정보

15.7m
4.38m
10.7m
세로 길이: 15.7m
높이: 4.38m
너비: 10.7m

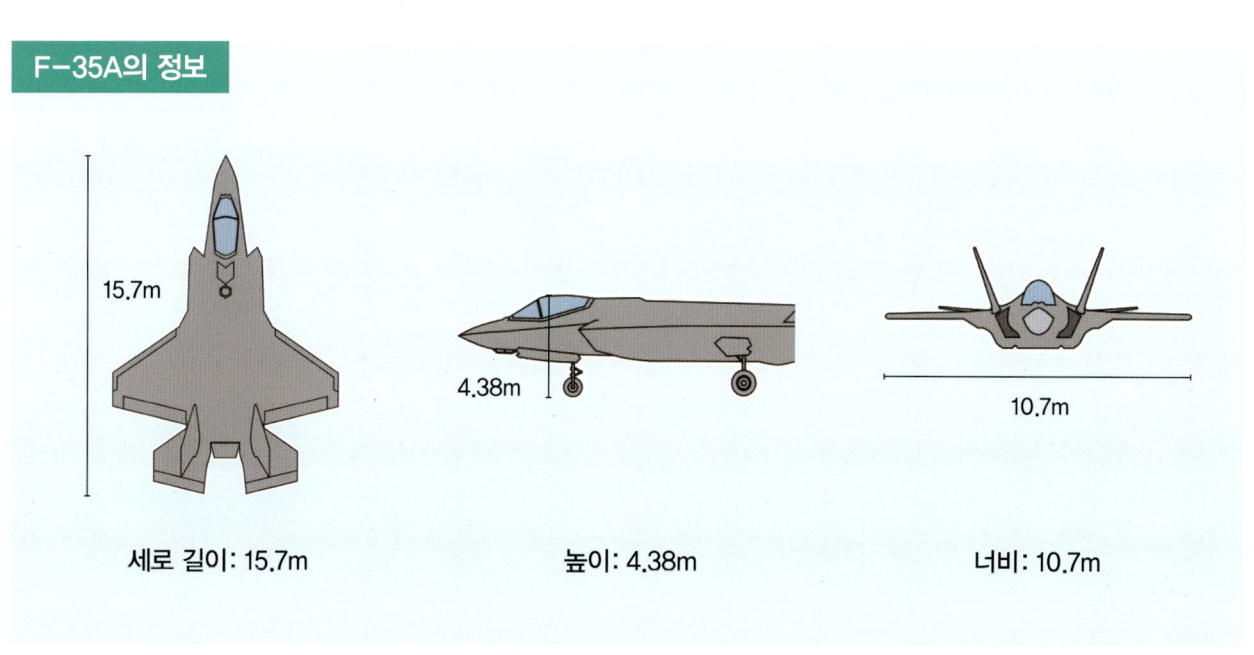

전투기와 헬리콥터

헬리콥터는 어떤 목적으로 쓰일까요?

헬리콥터는 프로펠러가 수평으로 회전한다는 점에서 비행기와 다르지요.
그렇다면 헬리콥터는 어떤 장점이 있기에 널리 사용되고 있는 것일까요?

헬리콥터의 이용

헬리콥터는 비행기에 비해 크기는 작지만 한자리에서 뜨고 앉을 수 있다는 장점이 있어요. 또 좌우로 자유롭게 회전이 가능하고, 같은 자리에 오래 서 있을 수도 있어요. 이 때문에 헬리콥터는 방향을 바꾸며 날아야 하는 구조 작업이나 운송 등 다양한 목적으로 사용되고 있어요.

산이나 밭에 농약을 살포합니다.

산불을 끄는 데도 이용합니다.

헬리콥터는 물건을 옮기는 데에도 이용합니다.

헬리콥터는 험악한 지역에도 비행이 가능하므로 인명을 구조하는 데 이용합니다.

헬리콥터 날개의 종류

헬리콥터에서 가장 중요한 부분은 회전날개예요. 오직 회전날개의 힘만으로 하늘을 날고 움직이기 때문이에요. 그래서 회전날개의 모양에 따라 헬리콥터는 여러 종류로 나뉘어요.

단회전날개식
회전날개가 두 개만 달려 있는 가장 단순한 구조예요.

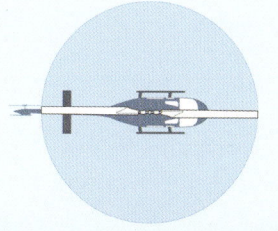

쌍회전날개식
회전날개가 두 개씩 서로 교차하여 회전하는 구조예요.

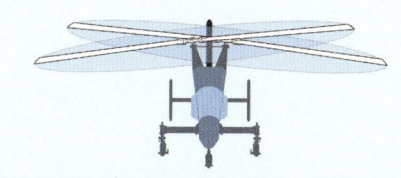

테일 로터식
주날개 뒤에 꼬리날개가 달려 있는 구조예요. 꼬리날개는 주날개가 움직이는 것을 조절하는 역할을 해요.

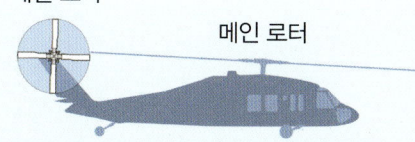

테일 로터   메인 로터

이중반전 회전날개식
회전날개가 2층 구조로 되어 있어요. 더 큰 힘을 낼 수 있다는 장점이 있는 반면 기름이 많이 든다는 단점도 있어요.

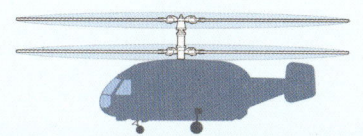

동축반전식

전투기와 헬리콥터

헬리콥터는 어떻게 날까요?

헬리콥터는 그 자리에서 뜨고 앉을 수 있어서 활주로가 필요 없어요.
헬리콥터는 어떤 구조로 되어 있기에 이런 비행이 가능할까요?
헬리콥터가 나는 원리는 무엇일까요?

헬리콥터 날개의 구조

헬리콥터 날개는 비행기 날개와 완전히 달라 보이지만, 단면을 보면 유선형의 모양으로 이루어져 비슷한 점도 있답니다. 앞으로 달리며 날개에 양력을 얻는 비행기와 달리 헬리콥터는 날개를 직접 회전시켜서 양력을 얻기 때문에, 같은 자리에서 그대로 떠오를 수 있답니다.

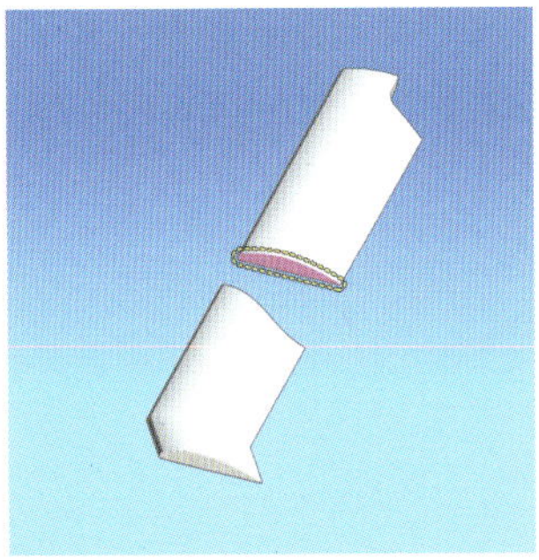

주 회전날개
단면이 유선형 모양으로 되어 있어 양력을 발생시켜요.

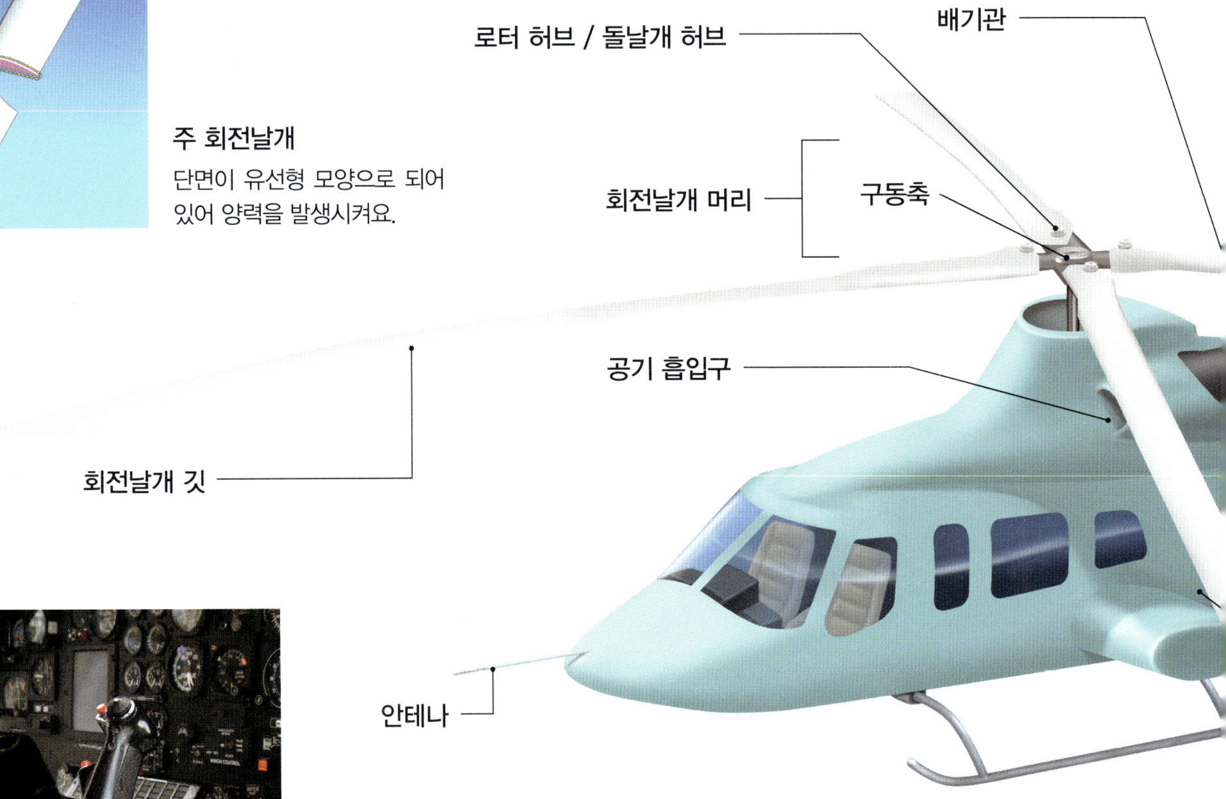

- 로터 허브 / 돌날개 허브
- 배기관
- 회전날개 머리
- 구동축
- 공기 흡입구
- 회전날개 깃
- 안테나

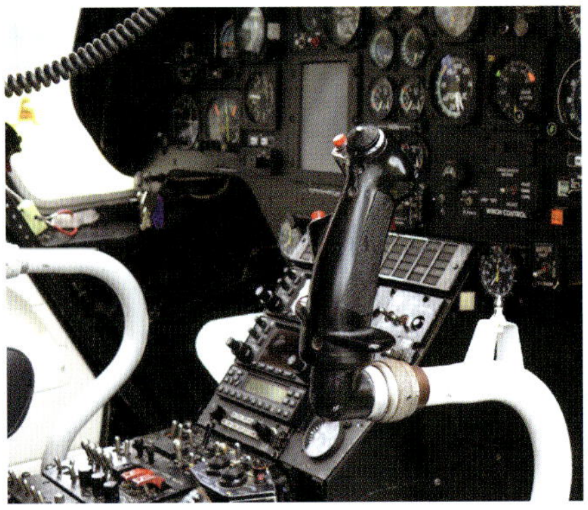

헬리콥터의 조종실
여객기 조종실처럼 조종사, 부조종사가 양쪽 대칭 구조로 앉아 있어요.

✈ 헬리콥터가 나는 원리

헬리콥터는 오직 프로펠러의 회전으로 얻어지는 양력이 추력으로 변해 수직으로 뜰 수 있어요.

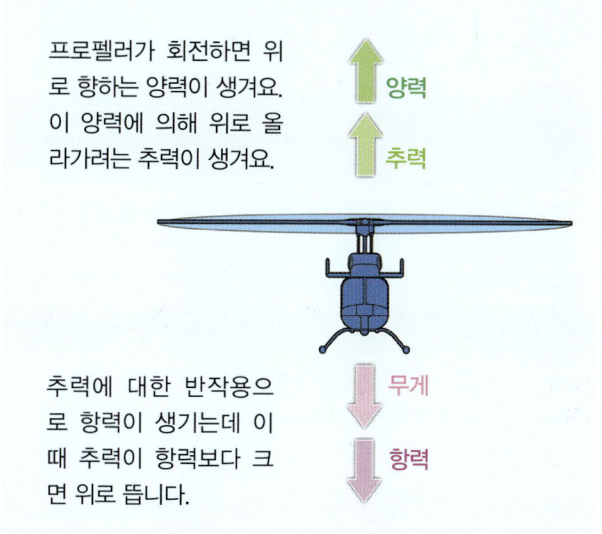

프로펠러가 회전하면 위로 향하는 양력이 생겨요. 이 양력에 의해 위로 올라가려는 추력이 생겨요.

추력에 대한 반작용으로 항력이 생기는데 이때 추력이 항력보다 크면 위로 뜹니다.

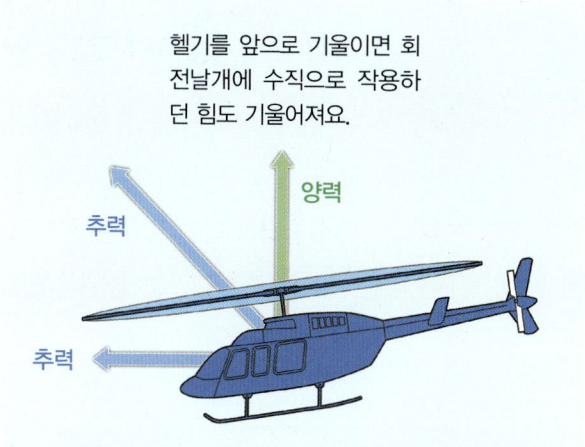

헬기를 앞으로 기울이면 회전날개에 수직으로 작용하던 힘도 기울어져요.

날개의 기울어진 힘이 수직으로 향하는 양력과 균형을 이루기 위해 앞으로 나아가는 추력을 만들어 앞으로 나아가게 해요.

이와 같은 원리로 헬기는 기울어진 방향으로 나아가요. 뒤로 기울면 후진, 오른쪽으로 기울면 오른쪽, 왼쪽으로 기울면 왼쪽으로 움직입니다.

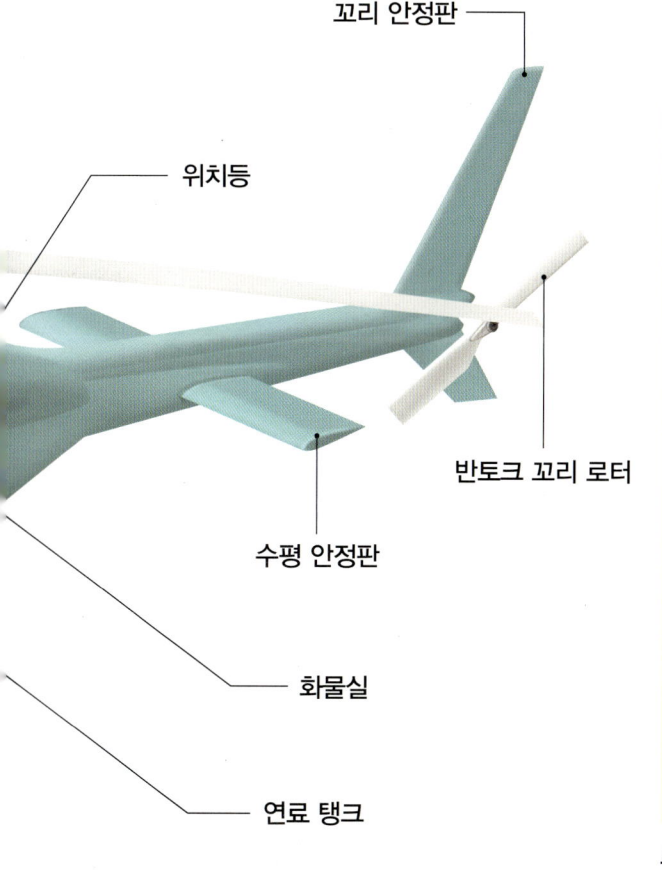

- 꼬리 안정판
- 위치등
- 반토크 꼬리 로터
- 수평 안정판
- 화물실
- 연료 탱크

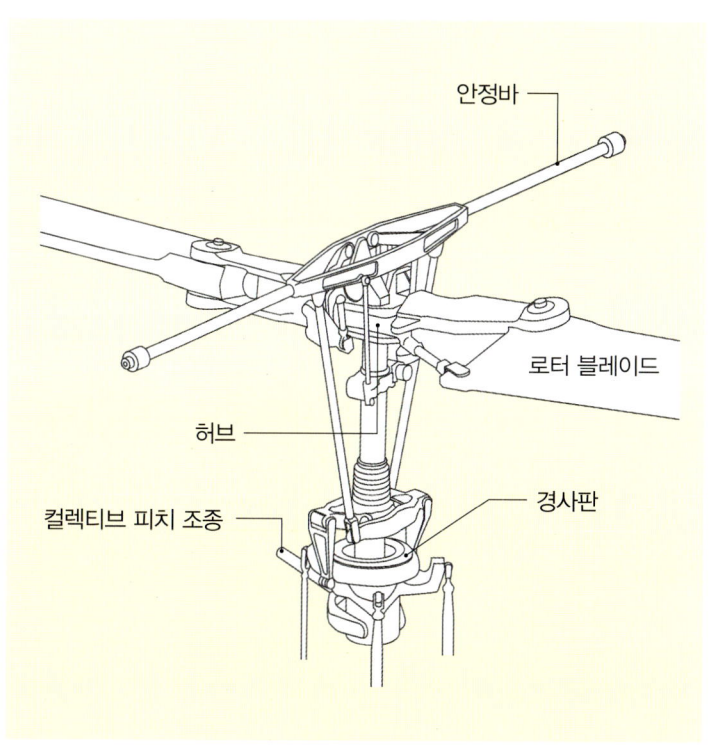

- 안정바
- 로터 블레이드
- 허브
- 컬렉티브 피치 조종
- 경사판

주 회전날개 허브 구조
이 부분에 엔진이 연결되어 있어 허브가 작동하면 회전날개가 회전합니다.

잠깐! 비행기 퀴즈

1 우리나라에서 사용하지 않은 전투기는 무엇일까요?

① F-4 팬텀

② F-15K 슬램 이글

③ F-22 랩터

④ FA-50 파이팅 이글

2 F-35A의 안테나 위치를 맞혀 볼까요?

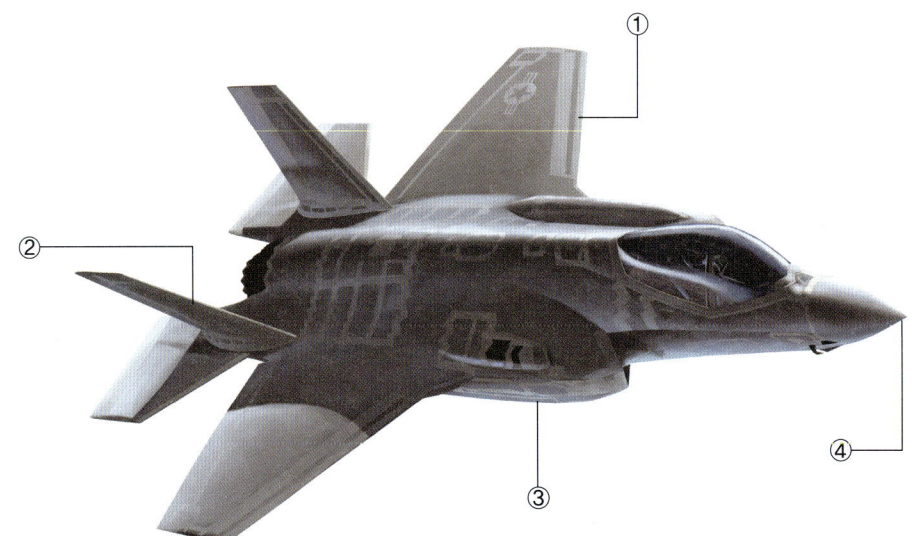

3 이 헬리콥터의 날개는 어떤 종류일까요?

① 단회전날개식

② 쌍회전날개식

③ 테일 로터식

④ 이중반전 회전날개식

4 헬리콥터가 뒤로 가려면 어디를 기울여야 하는지 맞혀 볼까요?

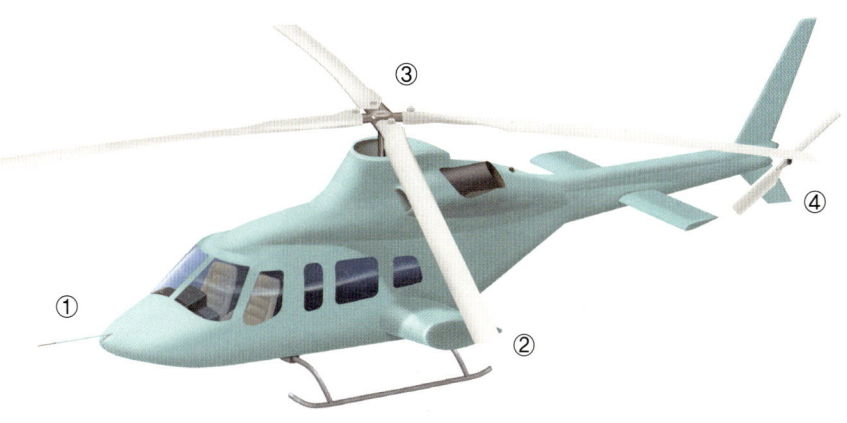

해답 1.③ 2.④ 3.② 4.③

더 알아볼까요?

대한민국에서도 헬리콥터를 만든다고요?

'수리온'이라는 이름을 들어 본 적 있나요? '수리온'은 한국항공우주산업에서 만든 헬리콥터입니다. 2011년도에 대한민국에서 개발한 최초의 헬리콥터입니다. 육군이나 경찰뿐 아니라 의료나 소방을 위해서도 다양하게 발전시켜 목적에 맞게 사용하고 있어요.

독수리 같은 맹금류를 의미하는 '수리'와 숫자 '100'을 의미하는 '온'의 합성어로, 용맹하고 강한 헬리콥터라는 뜻입니다. 수리온을 만들면서 대한민국은 세계에서 열한 번째로 헬리콥터를 개발한 나라로 이름을 올렸어요. 헬리콥터를 개발한 지 불과 4년여 만에 초도 비행에 성공하면서 엄청나게 빠른 속도로 개발에 성공했다는 명성도 얻었지요. 수리온은 시속 260킬로미터로, 최대 450킬로미터까지 비행할 수 있어요. 최대 3.7톤의 화물을 싣고 날 수 있답니다.

이런 기동성을 갖춘 헬리콥터뿐 아니라, 소형 무장 헬리콥터도 개발하고 있어요. 대한민국 육군에서 사용할 첨단 무장 헬리콥터지요. 육군에서는 이미 대한민국에서 만든 'T-50'이라는 훈련기와 'FA-50'이라는 이름을 붙인 경공격기를 만들어 사용하고 있어요. 헬리콥터까지 만들어 사용한다면, 더욱 대한민국의 하늘을 든든하게 지킬 수 있겠지요.

수리온
최대 속도 약 시속 270km
최대 이륙 중량 약 8,709kg
최대 탑승 인원 13명
항속 거리 775km

도움받은 자료

비행기의 구조

《항공기의 비밀》, 히다 쇼, 소학관, 2016년

〈비행기의 구조, 2〉, 이광희, 교통안전공단, 2006년

〈항공기에 숨겨진 새의 비행원리, II〉, 김호식, 월간항공사, 2002년

헬리콥터

한국과학기술정보연구원 www.kisti.re.kr/

한국항공우주산업 www.koreaaero.com/KO/

한국항공우주연구원 www.kari.re.kr/

사진 자료

플리커 www.flickr.com

셔터스톡 www.shutterstock.com

사진 출처

6쪽 보잉 777 byeangel

7쪽 U-2s Alan Wilson

19쪽 1900년 라이트 형제가 만든 글라이더의 모습 Public.Resource.Org

85쪽 비행기 주방(갤리)의 모습 Andy Mitchell

찾아보기

ㄱ

계기판 47, 60~62, 75, 90
객실 82~85
갤리 85
관제 71
구조 18, 19, 32~35, 41, 46, 58, 82, 83, 86, 87, 98, 99, 101~103
글라이더 19, 31
기압 60, 63, 72, 73

ㄴ

날개 12~15, 18, 19, 22, 23, 31~37, 69, 74~77, 90, 98, 101~103

ㄷ

도움날개 47, 48, 51
동력 18, 30, 31

ㄹ

라이트 형제 18, 19

ㅁ

몽골피에 형제 16, 17
무동력 30, 31

ㅂ

바퀴 33, 55, 57~59, 90
반작용 20~23, 41, 103
발전기 68, 69
방향키 18, 19, 32, 47, 48, 50
부력 13
비행 16, 18, 19
비행기 13, 18, 20~25, 31~41, 46~63, 68~77, 82~88, 90, 91

ㅅ

수직꼬리날개 32, 35
수평꼬리날개 32, 35
스포일러 32
승강키 18, 32, 47, 48, 51
승무원 84

ㅇ

안테나 70, 71, 99, 102
양력 12, 13, 18, 20~25, 33, 36, 37, 51~53, 57, 75, 102, 103
엔진 18, 20, 21, 30, 32, 34, 35, 40, 41, 47, 54, 57, 61, 68, 69, 73, 98, 99, 103
엔진 스로틀 47~49, 53, 56, 57
연료 47, 49, 53, 74, 75, 91, 103

열기구 16, 17, 30
우주선 30
윙렛 23
이륙 33, 48, 49, 52, 53, 55, 57, 58

ㅈ

작용 20~24
전기 68, 69
전투기 35, 96~99
조종 18, 19, 46, 48~57
조종 장치 48, 49, 54, 60
조종간 46~48, 51~54, 56, 57
조종사 19, 48, 49, 52, 53, 56, 57, 60, 71, 87, 99, 102
조종실 46~49, 60, 90, 102
좌석 82, 83
중력 21, 24, 52, 75

ㅊ

착륙 17, 32, 33, 35, 48, 49, 56~59
창문 34
추력 20, 23, 41, 103
충격파 35, 37~39

ㅍ

페달 46~48, 50, 59
플랩 33

ㅎ

항력 20, 21, 23, 24, 33, 37, 53, 54, 103
헬리콥터 31, 100~103
화물 86, 87, 91

어린이 비행기 구조 대백과

세상이 한눈에 보이는 비행기 관찰 도감

1판 1쇄 펴낸 날 2021년 10월 5일
1판 2쇄 펴낸 날 2022년 11월 10일

지은이 이경윤
그린이 남지우

펴낸이 박윤태
펴낸곳 보누스
등　록 2001년 8월 17일 제313-2002-179호
주　소 서울시 마포구 동교로12안길 31 보누스 4층
전　화 02-333-3114
팩　스 02-3143-3254
이메일 viking@bonusbook.co.kr
블로그 http://blog.naver.com/vikingbook

ISBN　978-89-6494-516-2　74550

ⓒ 이경윤, 2021
- 이 책은 저작권법에 의해 보호를 받는 저작물이므로 무단전재와 무단복제를 금합니다.
  이 책에 수록된 내용의 전부 또는 일부를 재사용하려면 반드시 지은이와 보누스출판사 양측의 서면동의를 받아야 합니다.

바이킹은 보누스출판사의 어린이책 브랜드입니다.

- 책값은 뒤표지에 있습니다.

체험하는 바이킹 시리즈

웹툰 캐릭터 그리기 대작전
이지 지음 | 정원 그림

웹툰 스토리 만들기 대작전
이지 지음 | 정원 그림

DK 체스 바이블
클레어 서머스케일 지음 | 이은경 옮김

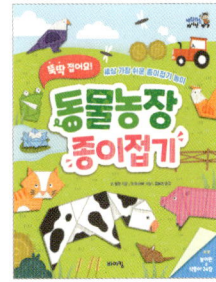
뚝딱 접어요! 동물농장 종이접기
조 풀먼 지음 | 앤 파쉬에 그림

뚝딱 접어요! 사파리 종이접기
조 풀먼 지음 | 앤 파쉬에 그림

정브르가 알려주는 곤충 체험 백과
정브르 지음

정브르가 알려주는 파충류 체험 백과
정브르 지음

창의력 뿜뿜! 어린이 셰프 요리책
디에나 F. 쿡 지음 | 달달샘 김해진 감수

창의력 뿜뿜! 어린이 파티시에 요리책
디에나 F. 쿡 지음 | 달달샘 김해진 감수

최강 공룡 서바이벌 대백과
고바야시 요시쓰구 감수 | 이진원 옮김

바이킹 어린이 도감 시리즈

어린이 비행기 대백과
손봉희 지음 | 구연산 그림

어린이 비행기 조종 도감
닉 버나드 지음 | 마대우 감수

어린이 비행기 엠블럼 대백과
감 글·그림

어린이 비행기 구조 대백과
이경윤 지음 | 남지우 그림

DK 놀라운 인체 구조 대백과
에밀리 도드 지음 | 양수정 옮김

교과서 잡는 바이킹 시리즈

초등학생을 위한
속담 사전
은옥 글·그림 | 전기현 감수

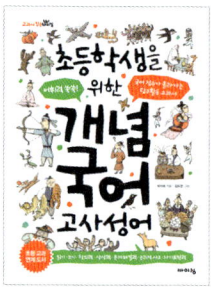

초등학생을 위한
개념 국어: 고사성어
최지희 지음 | 김도연 그림

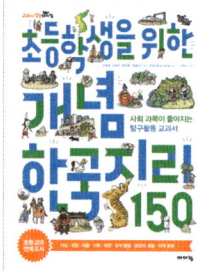

초등학생을 위한
개념 한국지리 150
고은애 외 지음 | 전국지리교사모임 감수

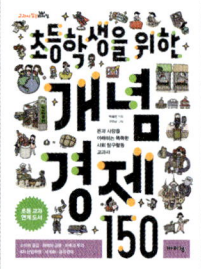

초등학생을 위한
개념 경제 150
박효연 지음 | 구연산 그림

초등학생을 위한
개념 과학 150
정윤선 지음 | 정주현 감수

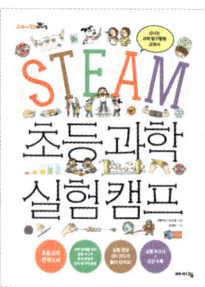

STEAM 초등 과학
실험 캠프
조건호 지음 | 민재회 그림

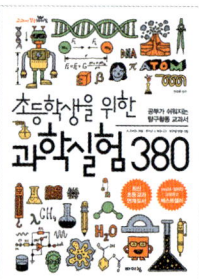

초등학생을 위한
과학실험 380
E. 리처드 처칠 외 지음 | 천성훈 감수

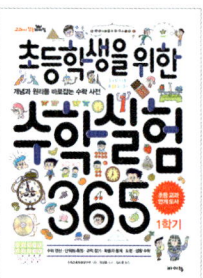

초등학생을 위한
수학실험 365 1학기
수학교육학회연구부 지음
천성훈 감수

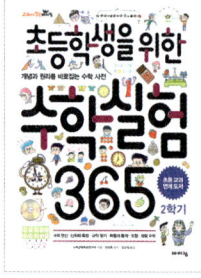

초등학생을 위한
수학실험 365 2학기
수학교육학회연구부 지음
천성훈 감수

초등학생을 위한
요리 과학실험 365
주부와 생활사 지음
천성훈 감수

초등학생을 위한
요리 과학실험실
어린이요리과학스쿨 지음
정주현, 김해진 감수

초등학생을 위한
자연과학 365 1학기
자연사학회연합 지음 | 정주현 감수

초등학생을 위한
자연과학 365 2학기
자연사학회연합 지음 | 정주현 감수

생각이 자라는 어린이책
바이킹

 blog.naver.com/vikingbook
 @viking_kidbooks